Salim M. Ali

Fleisch
aus der Perspektive der Welternährung

Autor

Dr. Salim M. Ali, geb. 1954 in Indien. Studium der Sozialwissenschaften in Deutschland, Promotion in Wirtschafts- und Sozialwissenschaften. Schwerpunkt Welternährung und Nahrungsmittelsoziologie. Von 1992 bis 2010 Lehrbeauftragter in den Fachbereichen Wirtschafts- und Sozialwissenschaften an der Universität Oldenburg. Gründer des WPP (World Potato Program)

Herstellung und Verlag:
Books on Demand GmbH, Norderstedt
ISBN: 978-3-83-918563-6
Printed in Germany

Inhaltsverzeichnis

Akronyme

AFRIS	Animal Feed Resources Information System
ASP	Afrikanische Schweinepest
BMELV	Bundesministerium für Ernährung, Landwirtschaft & Verbraucherschutz
BSE	Bovine Spongiform Encephalopathy
BSP	Bruttosozialprodukt
DEFRA	Department for Environment, Food and Rural Affairs (GB)
DYB	Demographic Yearbook (UNO)
EPIC	European Prospective Investigation into Cancer and Nutrition
FAO	Food and Agriculture Organization
FDA	Food and Drug Administration
GATT	General Agreement on Tariffs and Trade
ICID	International Commission on Irrigation and Drainage
IRN	International Rivers Network
IRRI	International Rice Research Institute
IUCN	World Conservation Union
KPS	Klassische Schweinepest
MKS	Maul- und Klauenseuche
NPPC	National Pork Producer Council (USA)
UNCCD	United Nations Convention to Combat Desertification
UNCTAD	United Nations Conference on Trade and Development
UNEP	United Nations Environment Programme
UNO	United Nations Organization
USDA	United States Department of Agriculture
WCD	World Commission on Dams (Cape Town)
WHO	World Health Organization
WTO	World Trade Organization
WWF	World Wide Fund For Nature

Vorwort

Eine umweltgerechte Nahrungsmittelproduktion zu ermöglichen, die die wachsende Weltbevölkerung ernährt und weniger Naturschäden anrichtet, ist die größte Herausforderung für die Menschheit in den kommenden Generationen. Gewöhnlich gehört Fleisch zu den wichtigsten Mahlzeiten, die als ein Zeichen des Wohlstandes und gleichzeitig als gesunde Nahrung gelten. Die Industriegesellschaften konsumieren pro Kopf mehr Nahrungsmittel tierischer Herkunft als der Rest der Weltbevölkerung. Allerdings ändert sich der Verbrauchstrend der gesamten Weltbevölkerung allmählich, und als Resultat der Globalisierung wächst der Konsum von Fleisch zunehmend.

Zu Beginn des Industriezeitalters ernährte sich der Mensch vorwiegend von Nahrung pflanzlicher Herkunft. Jedoch die zunehmende Umwandlung der Ernährungsart der Weltbevölkerung von pflanzlicher Nahrung auf tierische Nahrung führte, wie jetzt zu erkennen, zu einer enormen Belastung der vorhandenen Naturressourcen.

Die Fleischproduktion ist direkt von der Produktion pflanzlicher Ressourcen abhängig und die wichtigsten Voraussetzungen für die Landwirtschaft, nämlich fruchtbares Land und Wasser, sind nur begrenzt vorhanden und zum größten Teil bereits ausgeschöpft.

Die Bevölkerung wächst, der Konsum von Fleisch wächst, der globale Handel wächst, und anhand der Berechnungen sind für die kommenden Jahrzehnte unüberschaubare Entwicklungen im Bereich der Ernährung zu erwarten. Das Ziel dieser Untersuchung ist es, das Nahrungsmittel Fleisch von der Produktion bis zum Konsum akribisch zu untersuchen und damit die möglichen Konsequenzen für die gegenwärtige und zukünftige Ernährungslage zu schildern. Es wird versucht, das Fleisch als signifikante Nahrung von der Urzeit bis zur Gegenwart darzustellen. Die Analyse von Prozessen der Produktion, Herkunft, Handel und Verbrauch bildet den Schwerpunkt dieses Vorhabens, um die Ursachen herauszufinden, warum Fleisch im Industriezeitalter als Grundnahrung zugenommen hat. Die statistischen Angaben über die Produktion, den Handel und den Verbrauch vermitteln die gegenwärtige Lage und Zukunft der Welternährung.

Die verwendete Sprache in dieser Arbeit ist einfach und flüssig, so, wie sie für alle Schichten oder Gruppen der Gesellschaft Anwendung findet. Allerdings können unvermeidbare oder notwendige Fachbegriffe als geringfügige Lesehindernisse vorkommen.

1. Einstieg in die Problematik des Fleischkonsums

Die Ernährungsgewohnheiten in der Tierwelt sind durch zwei entscheidende Merkmale wie deren Körperbau und die vorhandene Nahrungsangebote in der Natur gekennzeichnet. Der Körperbau vermittelt die Merkmale der Ernährungsart, und die gewöhnlichen Nahrungsangebote in deren Lebensraum deuten die Nahrungsgewohnheiten der dort beheimateten Tierarten an. Die Karnivoren ernähren sich von Fleisch, die Herbivoren von pflanzlicher Nahrung, und die Omnivoren gelten als Allesfresser, die sich von Nahrung aus pflanzlicher und tierischer Herkunft ernähren. Eine streng wissenschaftlich definierte Abgrenzung zwischen den Ernährungsgewohnheiten der Omnivoren und Karnivoren und der Omnivoren und Herbivoren ist zweifellos nicht nachvollziehbar. Allerdings ist es nachvollziehbar, dass bei einer Naturkatastrophe, wie bei einer Dürre, wo die Pflanzenwelt keine Nahrung mehr liefert und als Folgeergebnis die Tiere sterben, die noch lebenden Pflanzenfresser, um ihr Überleben zu sichern, keine herumliegenden Tierleichen fressen. Ebenfalls stirbt ein Tiger in einer üppigen Pflanzenwelt, wenn der Tiger kein Tier mehr fangen kann oder ihm kein Fleisch als Nahrung zur Verfügung stehen würde. Gleichzeitig gelten eine Reihe von Tierarten, die sich auf eine vielseitige Ernährung spezialisieren und sich damit eine bessere Überlebenschance sichern, als Allesfresser. Synonyme, wie Omnivora, Polyphage oder Pantophage werden für diejenigen Lebewesen verwendet, die, um sich ihr Überleben zu sichern, alles Essbare konsumieren.

Menschen und Bären gehören zu den berühmtesten Omnivoren, die fast in allen natürlichen Zuständen ihren Nahrungssuchakt aufrecht erhalten können. In vieler Hinsicht der Nahrungssuche ist der Mensch raffinierter und geschickter als der Bär, weil der Mensch unterstützende Geschicklichkeiten, wie Bäume erklettern, tauchen, graben, benutzen kann oder sich bei extremen Wetterbedingungen, wie Hitze, Kälte, Stürme, Überschwemmungen etc., verhältnismäßig besser schützen kann. Die Nahrungsquellen in vielen Gewässern, in der Luft, in der Wüste oder auf den hohen Bäumen bleiben für den Bären fast in unerreichbarer Ferne. Lange Beine, lange Arme, lange bewegliche Finger und der bewegliche Körper ermöglichen dem Menschen, die mögliche Nahrungsquelle zu erkennen, sich regelmäßig zu ernähren, für Vorräte zu sorgen und damit ein sicheres Überleben zu ermöglichen. Aus diesen Gründen konsumiert der Mensch fast alles, was für den Körper keine akute Gefahr darstellt. Nur toxische, ungenießbare und unverdauliche Substanzen werden als Nahrung direkt vermieden. Die Nahrungspalette des Naturmenschen besteht aus allem Essbaren, das in der Luft, auf der Erde, im Wasser und unter der Erde vorhanden ist. Im Vergleich zu der gesamten Tierwelt befindet sich der Mensch an der Spitze in der Nahrungssuche.

Fleisch als signifikantes Nahrungsmittel in der Urzeit

Der Mensch besaß die Fähigkeit, sich an die vorhandenen Nahrungsangebote im Verhältnis zu der geographischen Lage des Lebensraums anzupassen, und galt von daher als Überlebenskünstler. Mit der gleichen Körpertemperatur lebte der Mensch in der heißen Wüste mit einer extremen Temperatur von über 50°C, und gleichzeitig lebte er oberhalb des Polarkreises mit einer extremen Temperatur von unter -50°C. In beiden Fällen war der Mensch in der Lage, die Nahrungssuche aufrechtzuerhalten und das Überleben zu sichern. Zwischen den beiden extremen klimatischen Bedingungen waren zahlreiche andere Lebensumstände vorzufinden, mit denen der Mensch konfrontiert wurde. Der entscheidende Vorteil für den Menschen war die Anpassungsfähigkeit an die verfügbaren Nahrungsmittel in der Natur. Die beheimatete Pflanzen- und Tierwelt wurde identifiziert, um die mögliche Nahrung zu gewinnen, und gleichzeitig wurden die Gefahren, durch unaufmerksame Nahrungsaufnahme, berücksichtigt. Das Wissen über Nahrungsmittel war indessen lokal geprägt, und aus diesem Ausgangspunkt wurden unbekannte und fremde Nahrungsmittel vermieden. Die Identifizierung von Nahrungsmitteln und die Verbreitung dieser Kunst führte den Menschen dazu, sicherer zu leben als der Rest der Tierwelt.

Als die Sorge um den Nahrungsbedarf zum Teil oder weitgehend überwunden wurde, hatte der Mensch die Möglichkeit, die Geschicklichkeiten für ein noch besseres Auskommen zu schaffen. Der Mensch als sogenannter Omnivora hatte damit sein Überleben besser abgesichert als alle anderen Lebewesen, weil der Mensch anpassungsfähiger zu den geographischen Gegebenheiten ist als alle anderen vergleichbaren Säugetiere.

Eine wissenschaftliche Persekution darüber, wo und womit der ursprüngliche Mensch sich zu ernähren begonnen hatte, ist nicht vorstellbar. Im Alten Testament steht, dass das erste Mahl, das die Urmenschen Adam und Eva verspeisten, eine Feige oder eine Apfel ähnliche Frucht vom Baum der Weisheit war, wodurch Adam und Eva auf die Erde exponiert wurden. Auf der Erde musste Eva unter Schmerzen Kinder gebären und Adam als Strafe Ackerbau treiben (Genesis 3, 19). Die Feige, der Apfel und der Ackerbau, alle diese Angaben beruhen auf Nahrungsmitteln pflanzlicher Herkunft. In den Ayurvedas, den Gesundheitsgrundlagen des Hinduismus, wurden Früchte, wie Bananen, Kokosnüsse etc., als Nahrung in den Vordergrund gestellt. Nach diesen Glaubensüberlieferungen war der Urmensch ein gebürtiger Herbivora. Ebenfalls wird ein neugeborenes Menschenkind nur gestillt, und bis zu der Entwicklung eines ausreichenden Gebisses ist ein Menschenkind nicht in der Lage, feste Nahrung aufzunehmen. Anders verhält es sich bei den

Neugeborenen der Karnivoren, die zum Teil in der Lage sind, rohes Fleisch ohne Zähne zu verschlingen und es gleichzeitig auch zu verdauen. Die Bezeichnung des Menschen als Omnivora an dieser Stelle ist wissenschaftlich schwer nachvollziehbar.

Der Körperbau und die physiologischen Funktionen des Menschen sind nicht identisch mit typischen Omnivoren, sondern sind eher identisch mit den am Land lebenden Herbivoren. Die anatomischen und physiologischen Eigenschaften, wie Gesichtsmuskel, Lippen, Kiefer, Mundöffnung, Zähne, kauen, Speichel, Nagel, Leber, Niere, Magen, Magensäure und Därme sind identisch mit den Herbivoren.[1] Der Mensch war kein geborener Karnivore, noch hatte er sich im Laufe des Entwicklungsprozesses zum Karnivoren umgestellt. Dafür fehlen dem Menschen spitze Klauen, scharfe Reißzähne und eine bestimmte Schädelbildung, wie bei Wölfen, Tigern, Löwen oder bei anderen auf dem Land lebenden Raubtieren. Die Raubtiere der Gattung Mammalia besitzen jeweils zwei außen stehende verlängerte Fangzähne im Vorderteil des Ober- und Unterkiefers. Zwischen den langen Fangzähnen sind jeweils sechs Schneidezähne in beiden Kiefern vorhanden, womit das Fleisch zerschnitten wird. Der Schädelbau verfügt über besondere Charakteristiken, die der kräftigen Knochenleiste in Verbindung zu den Kiefermuskeln eine weite Maulöffnung ermöglichen. Aufgrund dieses Mangels an Zähnen und der entsprechenden Schädelbildung ist der Verzehr von Fleisch für Menschen, ohne Hilfsmittel, äußerst schwierig. Die Karnivoren und Omnivoren besitzen reduziertes Muskelfleisch und können somit ihren Mund sehr weit öffnen; Menschen und Herbivoren hingegen nur beschränkt. Karnivoren und Omnivoren kauen die ausgerissenen Fleischstücke nicht, sondern schlucken sie einfach herunter. Menschen und Herbivoren müssen die Nahrung kauen. Sie besitzen flache Nägel oder Hufe; dagegen besitzen die Karnivoren und Omnivoren scharfe Krallen, womit sie die Beute fangen können.[I]

[I] Anatomische und physiologische Merkmale von Karnivore, Omnivore, Mensch und Herbivore: Gesichtsmuskel: Karnivore/Omnivore – reduziert, um weite Mundöffnung zu ermöglichen. Mensch/Herbivore – gut gebildet, begrenzte Mundöffnung. Lippen: Karnivore/Omnivore – sehr beschränkt. Mensch/Herbivore – gut gebildet, leistet Hilfe bei der Nahrungsaufnahme. Kiefer: Karnivore/Omnivore – nicht ausgedehnt, keine seitliche Bewegung. Mensch/Herbivore – ausgedehnt, gute seitliche Bewegung, um Nahrung zu kauen. Zähne: Karnivore/Omnivore – lange Fangzähne, scharfe Schneidezähne. Mensch/Herbovore – keine Fangzähne und keine Schneidezähne. Kauen: Karnivore/Omnivore – kaut nicht, schluckt runter. Mensch/Herbiovore – kauen ist erforderlich. Speichel: Karnivore/Omnivore – besitzt keine Verdauungsenzyme. Mensch/Herbivore – besitzt Verdauungsenzyme. Säuerungsgehalt im Magen: Karnivore/Omnivore – pH-Wert < 1 mit Nahrung. Mensch/Herbivore – pH-Wert 4 bis 5 mit Nahrung. Mageninhalt: Karnivore/Omnivore – 60% bis 70% des gesamten Verdauungstaktes. Mensch/Herbivore – 21% bis 30% des gesamten Verdauungstaktes. Kleindarm: Karnivore/Omnivore – 3 bis 6fache der Körpergröße.

Der Mensch besitzt keine besonderen anatomischen Eigenschaften, um größere Landtiere zu fangen und diese naturgemäß zu konsumieren. Für die gewöhnliche Nahrung des Menschen sorgte die Pflanzenwelt. Aber auch die Tierwelt spielte eine besondere Rolle dabei, weil die Nahrung aus der Pflanzenwelt alleine sicherlich nicht ausreichend gewesen ist. Alle pflanzliche Nahrung, wie eine Frucht von einem Baum, war nur saisonbedingt vorhanden. Deshalb hätte der pflanzliche Nahrungssammler ohne landwirtschaftliche Tätigkeiten nur sehr mühsam überleben können. An dieser Stelle ist ein entscheidender Unterschied zwischen Menschen und anderen Herbivoren festzustellen. Die anderen Herbivoren, wie Gorillas oder Antilopen, konsumieren und verdauen eine Vielfalt von Pflanzen, samt Blätter und Zweig, aber der menschliche Körper ist nicht in der Lage, auf diese Art und Weise Nahrung aus der Pflanzenwelt aufzunehmen. Seine pflanzliche Nahrung waren essbare Früchte, Samen, Wurzeln, Knollen und seltene essbare Blätter. Aus diesem Grunde wurde auch die Möglichkeit in Anspruch genommen, sich von kleineren Lebewesen, wie Insekten, Larven und von Würmern, zu ernähren. Aus den Nestern von Vögeln und Reptilien konnte der Mensch die Eier entwenden und aus einer ungenießbaren Frucht einen Wurm oder eine Larve entnehmen und konsumieren. Insekten, wie Heuschrecken, Zikaden, Schaben, Termiten etc., wuden gewöhnlich dort konsumiert, wo diese in größerer Anzahl vorhanden waren. Die Termiten, zum Beispiel, besitzen über 30% Proteine und über 40% Fettgehalt. Diese Art Insekten leisteten einen großen Beitrag zum Proteinhaushalt des Naturmenschen in der Wildnis. Größeres Aas zu konsumieren, war aufgrund des Mangels an Werkzeugen nicht leicht gewesen. Der Mensch war trotzdem auf Aas als Nahrungsquelle angewiesen. Sammler und Jäger verfolgten die Bewegungen der Aasgeier am Himmel, um die mögliche Tierleiche zu lokalisieren, oder verfolgten Raubtiere, wie Leoparden, um deren Riss zu entreißen. Fleisch wurde dort regelmäßig konsumiert, wo eine ausreichende Anzahl an Tieren lebte, und Nahrung pflanzlicher Herkunft dort, wo eine üppige Vegetationslandschaft vorhanden war.
Obwohl der Mensch kein geborener Karnivore war, hatte er begonnen, Fleisch als gewöhnliche Nahrung zu erkennen. Die Ursachen dafür sind zahlreich vorhanden, aber die wichtigsten davon sind der einfache Zugang, Geschmack und Sättigung. Der einfache Zugang zu Fleischkonsum lag an der zahlreichen, in allen Größen vorhandenen Tierwelt. Die kleineren Tiere in Reichweite wurden gejagt und konsumiert. Der Zugang zu größeren

---

Mensch/Herbivore – 10 bis 12fache der Körpergröße. Dickdarm: Karnivore/Omnivore – einfach und kurz. Mensch/Herbivore – kompliziert und lang. Leber: Karnivore/Omnivore – kann Retinol entgiften. Mensch/Herbivore – kann Retinol nicht entgiften. Niere: Karnivore/Omnivore – sehr konzentrierter Urin. Mensch/Herbivore – wenig konzentrierter Urin. Nagel: Karnivore/Omnivore – scharfe Kralle. Mensch/Herbivore – flacher Nagel bis Hufe. (Dr. Milton Mills; Lectures at Peta conference, New York 2006)

Tieren war hauptsächlich von Kadavern, Tierleichen, kranken und verletzten Tieren abhängig. Von kleineren Insekten bis zu großen Mammutelefanten gab es eine unbegrenzte Anzahl an Tieren, deren Leichen und Kadaver. Im Vergleich zur Pflanzennahrung waren fast alle Fleischarten ungiftig und konnten ohne Bedenken konsumiert werden. Der Fleischgeschmack war gewöhnungsbedürftig, aber der Konsum besaß einen höheren Sättigungsgrad, so dass ein Mensch mit wenig Fleisch eine längere Zeit satt bleiben konnte. Anhand dieser entscheidenden Merkmale hatte der Urmensch alle möglichen Arten Fleisch konsumiert und damit besser überlebt als alle anderen vergleichbaren Tiere, die eine Auswahl an Nahrung bevorzugten.

Fleisch und Anthropophagie

Der Mensch als Omnivora konsumierte alles Essbare, so wie alle anderen Omnivoren. Ein entscheidendes Merkmal bei den Omnivoren sind die anthropophagischen bzw. kannibalischen Praktiken. Unter bestimmten Umständen oder auch im normalen Zustand gehört die Anthropophagie bei den Omnivoren zur Normalität. Zahlreiche anthropologische und kulturgeschichtliche Mitteilungen vermitteln uns das Wissen, dass die Anthropophagie unter Menschen allgemeingültig verbreitet war, als der Mensch in einzelnen und kleineren Gruppen lebte.[1]
Unter den kleineren Gruppen von Menschen wurden zwei Arten von Anthropophagie praktiziert, die aktive und die passive. In der aktiven anthropophagischen Form wurden lebende Menschen, wie Feinde, Kriegsgegner, Sklaven, Fremde, Alte oder Untätige direkt für den Verzehr getötet und verspeist. Bei der passiven Anthropophagie wurden nur die Verstorbenen verspeist. Die Begründungen für die aktive Form waren unter anderem der Sieg über den Feind, Herrschaftsgefühl oder Abschrecken von Fremden. Bei der passiven Form wurde oft behauptet, dass zum Beispiel durch den Verzehr von Gehirn und Herz der Verstorbene im eigenen Körper aufgenommen wird. Die beiden Begründungen der aktiven und passiven Anthropophagie hatten schließlich einen einzigen Hintergrund: Der einfache Zugang zu einer vorhandenen Nahrung. Als der Mensch anfing, sich größeren Gruppen anzuschließen oder die eigene

[1]Eine Ausnahme dabei soll es bei den Azteken gegeben haben, die die Antropophagie in einer Art Staatsform ausübte. Die Oberschicht der Azteken züchtete außer Hunden und Truthähnen keine anderen Tiere. Die Azteken verspeisten Sklaven und Untertanen als gewöhnliche Nahrung und versuchten so die Bevölkerung unter Kontrolle zu halten und ihre Herrschaft zu bekräftigen.

Gruppe zu vergrößern, verschwanden langsam die Praktiken der Anthropophagie.[1]
Die Entstehung des Neolithikums mit seinen kulturellen Errungenschaften, das mit dem Ende des Grauens und der Unsicherheit begann, kam allmählich zustande, indem moralische und künstliche Traditionen angestrebt wurden. Ein langfristiger Wandel der sozialen Strukturen, Verbesserung der Lebensbedingungen und des Persönlichkeitsbildes wurden unternommen. Die entscheidenden Elemente dabei waren die technischen Erneuerungen und der Umgang mit den Mitmenschen und anderen Menschengruppen. Anpassungsfähigkeit, Lernfähigkeit, Abhängigkeit, Gegenseitigkeit, Bindung an soziale Strukturen, Anerkennung der sozialen Hierarchie und der sozialen Elite mit Statuspositionen gehörten zu diesem Zivilisationsprozess. Der Mensch hatte sich von der Tierwelt getrennt. Der bedeutende Einsatz des Zivilisationsprozesses war die Abschaffung der Anthropophagie bzw. des Kannibalismus in allen aktiven und passiven Formen. Ekelgefühle wurden sozial erworben, und die Nahrungsaufnahme von bestimmten Produkten wurde empfohlen und andere verhindert oder verboten.

Kulturelle Errungenschaften und religiöse Einflüsse

Im Laufe des Zivilisationsprozesses gab es immer wieder kulturelle Änderungen in der Gesellschaft, indem religiöse Einflüsse begonnen hatten, die Sinngebung des Lebens zu definieren. Die Vorstellungen der Existenz von unsichtbaren und sichtbaren Dingen, wie das Leben nach dem Tod, Glück, Unglück, Krankheiten, Katastrophen etc. wurden mit dem Glauben verknüpft. Ein dauerhaftes, ethisch fundiertes System wurde mit bestimmten Grundsätzen für eine organisierte Gesellschaft von Zeit zu Zeit durch bekannte Persönlichkeiten reformiert oder verkündet. Es wurde versucht, das menschliche Zusammenleben durch bestimmte Vorschriften zu regeln. Das ethische Wertsystem und dessen Einhaltung umfasste die Vorstellungen über gut und schlecht, tun und nicht tun und Gebote und Verbote. Fast in allen bekannten religiösen Vorschriften wurde im Nahrungskodex reines und unreines Essen genau definiert. Die Nahrungskodexe verboten nicht nur den Verzehr der eigenen Art, sondern zählten alle essbaren Nahrungsmittel tierischer Herkunft auf. Im Alten Testament wurden die essbaren Tiere als Wiederkäuer mit gefalteten

---

[1] Eine absolute Beendigung der Anthropophagie ist nicht zu belegen. Informationen unterschiedlicher Quellen bestätigen, dass unter Umständen, wie bei einer Nahrungsnot oder auch unter kriminellen Machenschaften jeglicher Art, diese Praktiken immer wieder verübt werden.

Hufen definiert. Das Schwein hat zwar gefaltete Hufen, aber es ist kein Wiederkäuer und deshalb galt dessen Verzehr als unrein.[2] Auch das Essen von Aas wurde in der Urschrift des Judentums (die auch im christlichen Kanon erhalten blieb) und des Islam verboten.[3] Jesus hat allerdings nicht mehr bestimmte Speisen, sondern alleine Haltung und Gesinnung des Menschen als Quelle für mögliche "Unreinheit" gesehen, etwa in folgender Erklärung:

„Es gibt nichts, was von außen in den Mensch hineingeht, das ihn unrein machen könnte; sondern was aus dem Mensch herauskommt, das ist´s, was den Menschen unrein macht ...wie böse Gedanken, Unzucht, Diebstahl, Mord...".[4]

Es gab wohl als Wirkung dieser neuen Glaubenssicht, dass unter anderem das ursprüngliche Verbot des Schweinefleischverzehrs im Christentum aufgehoben wurde.

Im Hinduismus, einer der ältesten Glaubensgemeinschaften, wurde der Verzehr von Rindfleisch verboten. Dies lag primär daran, dass bei einer Naturkatastrophe, wie bei einer Dürre, wenn die Nahrung knapp wurde, die Bauern das Arbeitstier nicht als Nahrung verwenden sollten. Ansonsten würde nach dem Regen oder Spätregen das Arbeitstier fehlen. Der Konsum von Fleisch wurde in der breiten Vielfalt des Hinduismus selten empfohlen.

Aus ethischen Gründen wurde im Buddhismus und Jainismus die Tötung von Tieren sowie Menschen verboten. Im Jainismus, der im Jahre 600 v.Chr. verkündet wurde und immer noch als eine institutionelle Glaubensgemeinschaft existiert, ist der Verzehr von Fleisch absolut tabu bzw. verboten. Das Verbot des Fleischkonsums ist in denjenigen Gesellschaften gering, in denen die religiöse Wertschätzung über das Leben anderer Tierarten geringfügig oder überhaupt nicht definiert wurde.

Jagd und Opfergabe sind in vielen Glaubensgemeinschaften verbreitet. So wurden Tiere für Götter oder für religiöse Feiern geschlachtet. Das Fleisch von Tieren wird in diesem Sinne als gerechte Nahrung angesehen und die Tötung von Tieren für Nahrungszwecke als Naturrecht gerechtfertigt. Gleichzeitig erweckte die Tötung von Tieren für Nahrungszwecke ein Schuldgefühl, das im Namen Gottes gemildert werden konnte.

Während der Mensch als Omnivora in der freien Wildnis als Jäger und Sammler lebte, konsumierte er sehr niedrige Mengen an stärkehaltiger und sehr hohe an fett- und proteinhaltiger Nahrung. Nahrungsmittel tierischer Herkunft bzw. das Fleisch als Nahrung stand für den Urmenschen im Vordergrund. Als der Mensch angefangen hatte, Landwirtschaft zu praktizieren, stand der Konsum an Nahrungsmitteln mit einem höheren Anteil an Kohlenhydraten, wie Getreide, Hülsenfrüchte, Obst und Gemüse,

im Vordergrund und der Konsum an fett- und proteinhaltiger Nahrung, wie Fleisch, ging zurück. Mit dem zunehmenden Konsum von Getreide, Hülsen-, Knollen- und Wurzelfrüchten fand die Zivilisation statt, und der Mensch entwickelte sich allmählich aus kleineren Gruppen heraus zu offenen Gemeinschaften.
Der Anstieg der Bevölkerungszahl, gefolgt vom Rückgang der Nahrungssuche in der Natur, die wenig Erfolg brachte, hatte die Menschheit gezwungen Nahrungsmittel pflanzlicher und tierischer Herkunft selbst zu erzeugen. Die Praktizierung der Landwirtschaft verlangte einen dauerhaften Aufenthalt und führte zur Entstehung der ersten Siedlungen der Menschheitsgeschichte. Wälder wurden gerodet, Landansprüche wurden gestellt, Nahrungsmittel wurden vor Ort produziert und die Vorräte gesichert.

Die Feuerwaffe und die Aszendenz des Fleischkonsums

Die Jagd auf größere Tiere wurde durchgeführt, als der Mensch Geräte und Werkzeuge besaß, und dennoch war es äußerst schwierig, Fleisch als Grundnahrung zu gewinnen. Die Ernährung der Jäger und Sammler war direkt von den geographischen und klimatischen Gegebenheiten abhängig. In den fischreichen Gewässern waren die Fische das Hauptziel der Nahrungssuche, ebenso wurde das Fleisch bei tierreichen Vegetationen die bedeutende Nahrungsquelle. Ansonsten war die Pflanzenwelt die größte Nahrungsquelle der früheren Menschheit. Der Beginn des Neolithikums[I] , gekennzeichnet durch die Anerkennung der Nutzpflanzen und deren Zucht, forderte zunehmend körperliche Anstrengungen. Das Ziel der Domestizierung von Tieren war deren Arbeitskraft, wie Lasten tragen und Land bebauen, und auch, deren Fleisch als Nahrung zu gewinnen. Domestiziert wurden diejenigen Tiere, die für die Menschen keine akute Gefahr darstellten und gleichzeitig eine wirtschaftliche Vielseitigkeit besaßen. Die vielseitige Bedeutung der Tiere ergab sich aus deren Arbeitseinsätzen und deren Produkten, wie Milch, Eier, Wolle, Felle und Fleisch.
Die Domestizierung der Arbeitstiere war mit erheblichen potentiellen Gefahren verbunden. Rinder, Schweine, Schafe, Ziegen, Hühner, inklusive aller anderen domestizierten Herbivoren und Omnivoren, waren gleichzeitig die gewöhnliche Beute der Raubtiere, wie Wölfe, Bären, katzenartige

[I]Das Neolithikum wird auch als neues Steinzeitalter bezeichnet, in dem die Menschen Werkzeuge benutzten und anfingen das Land zu bebauen. Schätzungsweise wurde zwischen 11000 und 8500 v. Chr. im östlichen Mittelmeerraum infolge der Knappheit an Wildgetreide dieses von Menschen selbst angebaut.

Raubtiere oder Greifvögel. In der Wildnis wurden die Herbivoren von den Karnivoren ständig verfolgt. Die Herbivoren leisteten den Beitrag, die Pflanzenwelt in einer bestimmten Wachstumsphase zu halten, und die Karnivoren leisteten den Beitrag, die Herbivoren an einer unendlichen Vermehrung zu hindern und somit nicht die Pflanzenwelt kahlzufressen. Aus diesem Grund verbreiteten sich die Karnivoren dort, wo die Herbivoren lebten und sich vermehrten. Die Domestizierung der Herbivoren und Omnivoren verursachte eine neue und zusätzliche Vermehrung der Karnivoren. Die domestizierten Herbivoren und Omnivoren lebten in den Siedlungen und Siedlungsumgebungen, und die Karnivoren zogen in die umliegenden Wälder, vermehrten sich beharrlich und ernährten sich aus zwei möglichen Nahrungsquellen: aus der Wildnis und von den domestizierten Tieren. In der Natur vermehren sich die Tiere im Verhältnis zu den vorhandenen Nahrungsvorräten. Je sicherer die potentiellen Nahrungsvorräte sind, desto mehr Nachwuchs gibt es. Aus diesem Grunde vermehrten sich die Raubiere im Verhältnis zu dem entstehenden Wachstum der Haustiere.

Die gezüchteten Haustiere wurden behütet, regelmäßig ernährt und lebten in bestimmten Konzentrationen in den Siedlungen. Aus diesem Grund zogen die Raubtiere in die Nähe der Siedlungen und verbreiteten Schrecken unter der bäuerlichen Bevölkerung. Ein ewiger Kampf zwischen Mensch und Raubtier hatte begonnen. In diesem Kampf ging es um die Tiere, die der Mensch als sein Eigentum bezeichnete und die das Raubtier als seine gewöhnliche Nahrung erkannte. Die Verbreitung der Raubtiere in Siedlungsnähe bezog sich nicht nur auf die Haustiere als Nahrungsziel, sondern auch auf die Menschen als mögliche Beute. Auch in dieser Hinsicht verfolgten die Raubtiere die Menschen als natürliche Nahrungsquelle. Somit besaß der Mensch eine zweifache Furcht vor den Raubtieren. Es ging nicht nur um den reinen wirtschaftlichen Verlust.

Die Praktizierung der Landwirtschaft ermöglichte dem Menschen im größeren Maße den Zugang zu Nahrungsmitteln pflanzlicher Herkunft. Der Fleischkonsum wurde hauptsächlich auf den gelegentlichen Verzehr von Haustieren und kleineren Mengen an Wildtieren begrenzt. Die Jagd auf wilde Tiere wurde gelegentlich am Rande eines Waldes ausgeübt, weil die Wälder eine Gefahr für die Jäger darstellten. Die Jagdwaffen waren auf Wurf- und Stoßwaffen begrenzt, die wiederum ein Hindernis für die Jagd in der Wildnis darstellten. Netze, Reusen, Angeln, Fallen etc. gehörten zu den Jagdgeräten in der späteren Phase der Entwicklung, wobei auch Tiere, wie Hunde, Frettchen, Kormorane, Falken etc. für die traditionelle Jagd eingesetzt wurden.

Der Mensch lebte in Dörfern und Siedlungen, praktizierte Landwirtschaft und fürchtete die Gefahren aus der Wildnis. Die traditionellen Waffen für offensive oder defensive Zwecke, gegenüber gefährlichen Raubtieren,

waren unzureichend. Der Mensch brauchte eine bestimmte Waffe, womit er aus einer sicheren Entfernung sich verteidigen oder den Feind bekämpfen konnte. Mit den traditionellen Wurf- und Stoßwaffen konnten sie sich während des Tageslichtes verteidigen, aber in der Dunkelheit waren diese Waffen zwecklos. Die einzige Alternative in der Nacht, wo die Raubtiere aktiv waren, war das Feuer. Mit Feuer und Fackeln vertrieb der traditionelle Bauer die Raubtiere aus der Siedlung bzw. schützte sich gegen einen Angriff auf ihn, seine Familie und zusätzlich auf die Haustiere. Waldrodung durch Feuer war nicht nur ein Akt für die landwirtschaftlichen Tätigkeiten, sondern es wurde auch versucht, so die Raubtiere in die Ferne zu treiben. Es wurde bekannt, dass die Raubtiere Feuer vermeiden bzw. sich davor fürchten. Um die Raubtiere zu vertreiben, wurden brennende Pfeile von einem Bogen geschossen und brennende Fackeln geworfen, oder es wurde ein Feuer als Schutzmauer gelegt. Eine bessere Methode wurde gesucht, womit die Raubtiere aus einer sicheren Entfernung mit Feuer beworfen werden konnten. Durch die Erfindung des Schießpulvers wurde eine Waffe erfunden, mit der der Mensch die Tiere aus einer sicheren Entfernung angreifen konnte. Nach Erfindung dieser Feuerwaffe nahmen die Gefahren aus der Wildnis allmählich ab, und anstatt am Rande oder außerhalb des Waldes zu jagen, konnten die wilden Tiere gelegentlich kreuz und quer durch die Wälder verfolgt werden.
Der Ursprung zur Entwicklung der Feuerwaffe war nicht, die wilden Tiere als Fleischvorrat zu jagen, sondern sich vor dem Feind zu schützen oder den Feind zu beseitigen. Diese Urfeinde des Menschen waren einige Raubtiere, wie Raubkatzen, Bären und Wölfe, vor denen sich der Mensch immer fürchten musste. Zuerst waren es die Raubkatzen, wie Löwen, Tiger und Leoparden, die den Menschen als Beute verfolgten. Als der Mensch anfing Landwirtschaft zu praktizieren und Wirtschaftstiere zu züchten, kamen noch Wölfe und Bären hinzu, die das Vieh stehlen wollten. Wölfe und Bären rissen die Lämmer, und die Raubkatzen schleppten die Rinder aus den Herden und Ställen davon. Das war das Schicksal der Bauern seit Beginn der Landwirtschaft vor mehr als 12000 Jahren bis zum vollen Erfolg der Feuerwaffe.
Der Ursprung der Feuerwaffe kann bis zur Erfindung des Schießpulvers, zwischen dem 13. und 14. Jahrhundert, zurück verfolgt werden. Aber die Wirkung der Feuerwaffe war in den darauf folgenden 500 Jahren nicht effizient. Es fehlte an Zielgenauigkeit, die Schussweite war zu kurz, sie war im Gewicht zu schwer und die Bedienung war weitgehend umständlich. Die Gewehre galten als Vorderlader, die durch die Mündung mit Schießpulver und Bleikugeln geladen wurden. Im hinteren Bereich des Gewehrs gab es ein kleines Zündloch, wo das Schießpulver angezündet wurde. Der Jäger musste das Gewehr, das Schießpulver, die Bleikugeln und die Zündmaterialien getrennt laden, halten und transportieren. Bis der Jäger

das Gewehr zum Schuss vorbereitet hatte, flohen die Tiere oftmals schon vorher. Der laute Knall und der Gestank des Schießpulvers alarmierten die wilden Tiere, und der Jäger hatte für den Rest des Tages kaum noch eine Chance zur erfolgreichen Jagd. Der Vorderlader galt als ineffiziente Jagdwaffe, und das Jagen in der Wildnis hatte bis dahin keinen großen Erfolg.
Zum Beginn des 19. Jahrhunderts wurde der Bau der Feuerwaffe allmählich fortgeschrittener. Die Erfindung des Hinterladers und die Patronenmunition erhöhte die Schussgeschwindigkeit und die Treffgenauigkeit der Jagdwaffe. Der Jäger konnte die Waffe im Versteck laden und brauchte das Schießpulver oder Zündmaterial nicht in getrennten Behältnissen mit sich zu tragen. Eine andere Entwicklung ab Mitte des 19. Jahrhunderts war die Modernisierung des Luftgewehrs. Die lautlosen Luftgewehre wurden zu einer idealen Jagdwaffe, um kleinere Säugetiere und Vögel zu jagen. Der Jäger konnte heimlich und ungestört das Schießmanöver fortsetzen. Trotz des zunehmenden Bevölkerungswachstums und der effizienter gewordenen Jagdwaffen lebte eine große Anzahl an Raubtieren bis zum letzten Viertel des 19. Jahrhunderts auf der Erde.

Die Modernisierung der Feuerwaffe Ende des 19. Jahrhunderts

Eine neue Ära der Waffenindustrie und die Blüte der Feuerwaffe begann, als Alfred Nobel 1887 das Ballistit bzw. rauchlose Schießpulver auf der Basis von Nitrocellulose patentierte und gleichzeitig dessen Vermarktung einleitete. Nobel löste mit diesem Tun das alte Schießpulver ab und revolutionierte weltweit die Feuerwaffentechnik. Auf Grund dieser Erfindung wurden ab 1890 Feuerwaffen aller Kaliber und Schießfrequenzen entwickelt. Diese historische Erfindung ermöglichte es, mit der Feuerwaffe den Siegeszug über die wilden Tiere zu verwirklichen. Die Anwendung dieser Feuerwaffe in der modernen Kriegsführung ermöglichte neue strategische Vorgehensweisen, aber ein totaler Siegeszug wurde damit nicht erreicht. Gegenüber den Tieren wurde die Waffe erfolgreich eingesetzt, weil alle Kriegsparteien die Raubtiere als gemeinsamen Feind ansahen und deshalb gemeinsam gegen ihn kämpften.
Die moderne Jagd hatte begonnen, und die Feuerwaffenindustrie erreichte ihre Blütezeit. Das einstige Motiv, die Jagd zur Nahrungsgewinnung, wandelte sich zu einer gesellschaftlichen Repräsentation, wurde als Freizeitbeschäftigung und zur Gewinnung von Pelzen, Fellen oder Geweihen benutzt. So wurde zum Beispiel als militärische Übung eine größere Jagd durchgeführt. Viele Sportjäger haben nur zum Spaß Jagd

betrieben, Tiere erschossen und diese tot oder verletzt liegen gelassen. Die Tötung in der Wildnis wurde eine sehr verbreitete bürgerliche Freizeitbeschäftigung.[5]

Ausrottung der Raubtiere aus Siedlungsgebieten

Die moderne Jagd ab Ende des 19. Jahrhunderts konzentrierte sich zuerst auf die traditionellen Raubtiere, die mit dem Menschen in Existenz- und Nahrungskonkurrenz standen. Die berüchtigsten Tiere waren Löwen, Tiger, Leoparden, Bären und Wölfe. Gebietsweise waren diese Tiere direkt mit der Entwicklung des Menschen verbunden. Als der Mensch Jäger und Sammler war, verfolgten die Raubtiere den Menschen als leichte Beute und hielten so die Zahl der Bevölkerung unter Kontrolle. Gleichzeitig verfolgte der Mensch die Raubtiere, um von deren Beute einen Teil zu bekommen. Als der Mensch angefangen hatte, Landwirtschaft zu praktizieren und Wirtschaftstiere zu züchten, nahmen die Raubtiere die Haustiere als ihre Beute in Anspruch und verbreiteten Schrecken in den Siedlungen. Seit der Erfindung der Feuerwaffe wurden diese Raubtiere ständig von den Menschen verfolgt, aber die Ausrottung fand erst zu Beginn des 20. Jahrhunderts statt. Die Feuerwaffe wurde immer effizienter, und die Zahl der Raubtiere nahm immer mehr ab. Die Raubtiere wurden bis tief in die Wildnis verfolgt und regelrecht eliminiert. In vielen Ländern gehören Wölfe, Bären und Tiger zur Vergangenheit der Wälder. Besonders vermittelt die Weltliteratur über die Jagdgeschichte Mitte des 19. Jahrhunderts bis Anfang des 20. Jahrhunderts ein klares Bild über die weltweite Population der Raubtiere und deren rücksichtslose Ausrottung.

Der Löwe

Bis zu Beginn des 20. Jahrhunderts lebte der Löwe verbreitet in ganz Afrika nördlich und südlich der Sahara. In Asien gab es eine bedeutende Anzahl an Löwenpopulation im Raum des indischen Subkontinents. Der Löwe stellte ein großes Hindernis für neue Siedlungen dar, für Einrichtungen von exportorienter Plantagenwirtschaft, für die Haltung von Vieh oder für den Bau der Eisenbahn. Der nordafrikanische Löwe war unter dem Namen "Berberlöwe" im gesamten Atlasgebirge verbreitet. Der letzte der berühmten Berberlöwen wurde im Jahre 1922 erschossen, und bis zum Jahre 1940 wurde die gesamte Löwenpopulation aus Nordafrika erfolgreich ausgerottet. Bis zu diesem Zeitpunkt wurde auch der asiatische Löwe fast vollständig vernichtet. Rein zufällig überlebte eine kleine Zahl der asiatischen Löwen und lebt heute im Gir-Nationalpark Indiens. Die Löwenjagd in Afrika südlich der Sahara war berühmt für Jäger, Touristen,

Schriftsteller und Leser. Das einst mächtigste Tier Afrikas wird heute in den sogenannten Nationalparks zusammengedrängt und so dem Aussterben durch Epidemien und unheilbaren Krankheiten preisgegeben.[6] Das Schicksal der Löwenpopulation ist somit an Gehege und Käfige gebunden und nicht an die freie Natur.

Der Tiger

Bis zur Jahrhundertwende des 20. Jahrhunderts war der Tiger in ganz Asien verbreitet. Von der Türkei über Zentralasien bis ins östliche Sibirien, von Vorderasien über Indien, China, Korea, Viet Nam, Thailand bis zu den indonesischen Inseln war der Tiger zu Hause. Der Tiger frisst größere Säugetiere bzw. pflanzenfressende Huftiere und hat kaum Interesse an kleineren Tieren, wie Hasen oder Kaninchen. Der Tiger hatte es nicht nur auf die Herbivoren abgesehen, sondern gelegentlich zählte auch der Mensch zu seiner Beute. Haustiere und Menschen wurden immer wieder Opfer der Tiger. Wenn ein Tiger zufällig auf den Geschmack von Menschenfleisch kam, wurde er ein Wiederholungstäter und wandelte sich zu einem reinen Menschenfresser.[7] Er schleicht sich an seine Beute gewöhnlich von hinten an, springt auf sie und drückt sie mit seinen kräftigen Vorderpfoten auf den Boden, tötet mit einem Biss ins Genick oder in die Kehle. Zahlreiche Jagdgeschichten, Reiseberichte und Romane Mitte des 19. und 20. Jahrhunderts belegen die Geschichte des Kampfes zwischen dem Menschen und dem Tiger. Die regelrechte Jagd auf den Tiger in der ersten Hälfte des 20. Jahrhunderts hat die Tigerpopulation aus den größten Teil Asiens völlig ausgerottet. Zur Zeit lebt der Tiger in den geschützten Gebieten, wie östlich von Amur in Ostsibirien und in einigen Nationalparks in Südasien und Indochina.[8]

Der Leopard

Dieses Tier war in ganz Afrika und Asien beheimatet. Außer in der sehr trockenen Wüste oder im Hochland, wie Tibet, war der Leopard in allen Klimazonen zu finden. Der Leopard bevorzugt als Nahrung kleinere Huftiere, wie Rehe, Schafe und Ziegen. Er scheut sich auch nicht, die Menschen anzugreifen. Das Fell des Leopards war eine begehrenswerte Handelsware für teuere Kleidung, Dekorationsstücke und auch als Jagdtrophäe. Außer in Afrika südlich der Sahara und einer kleinen Anzahl in Indien wurde fast die gesamte Leopardenpopulation ausgerottet.[9]

Der Bär

Verschiedene Arten, wie Braunbär, Schwarzbär, Brillenbär, Malaienbär etc. waren in der ganzen Welt beheimatet. Der Bär ist ein Allesfresser; unter anderem besteht seine Nahrung auch aus Honig – sein Raubzug zerstört die kultivierten Bienenvölker, Lämmer, Ziegen, Schweine aus Stall und

Feld, und gelegentlich fraß er den gesamten Fischbestand eines Teiches. Sein Fell hatte eine hohe Nachfrage. Die Bärenmütze der britischen Armee gehört zur Tradition. Außerdem war der Bär eine beliebte Trophäe. Aus all diesen Gründen wurde der Bär verfolgt und zum größten Teil vernichtet. Der Bärenbestand im Atlasgebirge Afrikas wurde zum Ende des 19. Jahrhunderts ausgerottet; in Westeuropa und in den USA wurde er bis zu diesem Zeitpunkt fast völlig vernichtet. Im dünn besiedelten Alaska und Nordwest Kanada existieren noch heute frei lebende Bären. Gelegentlich gibt es Bärenvölker auch in Teilen Asiens und Sibiriens.[10]

Der Wolf

Der Wolf war das am weitesten verbreitetste Raubtier der Welt. Außer in Australien war dieses Tier auf allen Kontinenten und in allen Klimazonen vorzufinden. Die Grundnahrung der Wölfe sind größere pflanzenfressende Huftiere, wie Elche, Bisons, Rentiere, Hirsche, Rehe, Büffel, Rinder, Schafe, Schweine und Ziegen. Der Wolf jagt gewöhnlich diese größeren Tiere im Rudel und verursachte so größere Schäden für Bauern und Tierzüchter. Dieses war der entscheidende Grund für die Massentötung von Wölfen. Bis zum Beginn des 20. Jahrhunderts wurden die Wölfe aus den meisten besiedelten Gegenden der Erde vernichtet.[11]

Kleinere Raubtiere

Kleinere Raubtiere, wie Marder, katzenartige Tiere und Greifvögel wurden auch als Feinde des Menschen betrachtet. Die marderartigen Tiere waren weltweit verbreitet. Die Nahrung dieser Tiere ist manchmal größer als deren eigene Körpergröße. Sie stehlen Hühner und Kaninchen aus dem Stall. Außerdem war deren Fell eine begehrte Handelsware. Tiere wie Schwarzfußiltis oder Seenerz wurden schon Ende 19. Jahrhunderts ausgerottet.[12]

Katzenartige Tiere verschiedener Art hatten das gleiche Interesse, Kleintiere wie Geflügel aus den Höfen zu entreißen. Die katzenartigen Tiere wurden mit allen möglichen Methoden wie Gewehre, Luftgewehre, Fallen und Giftstoffe verfolgt und beseitigt. Greifvögel wie Falken und Habichte hatten ebenso für sich kleinere Haustiere als Beute angesehen. Auch diese Greifvögel wurden weitgehend ausgerottet. Das Luftgewehr wurde die passende Waffe für die Ausrottung der kleineren Raubtiere.

Der Überfluss an Wildfleisch

Durch die Ausrottung und Dezimierung der Raubtiere aller Art, gab es zwei entscheidende Entwicklungen. Erstens den Überfluss an Wildfleisch und zweitens das ständige Wachstum der Wirtschaftstiere. Parallel zur Jagd an Raubtieren wurden die anderen Tiere für Nahrungszwecke und auch als Trophäen verfolgt. Ab Mitte des 19. Jahrhunderts wurde der Vorrat an Wildfleisch immer größer. Nicht nur der Jäger hatte den Zugang zu Wildfleisch, sondern auch die städtische Bevölkerung konnte beim Fleischer regelmäßig Wildfleisch erwerben. Diese Entwicklung des Überflusses an Wildfleisch hatte zwei entscheidende Ursachen. Die erste war die Dezimierung und Vernichtung der Raubtiere, wodurch deren Beute, wie Rehe, Hirsche, Wildschweine etc. sich unverhindert vermehren konnten. Der zweite Grund war die immer effizienter gewordene Feuerwaffe und die dadurch entstandenen neuen Berufsjäger, die regelmäßig Wildfleisch an die Verbraucher lieferten. Seit Ende des 19. Jahrhunderts bis zu Beginn des 20. Jahrhunderts war die Jagd auf wilde Tiere gebietsweise so groß, dass der Mensch, anstelle das Fleisch zu essen, nur weiche Organe wie Hirn, Herz und Leber aß und der Rest des erlegten Tieres weggeschmissen oder an Ort und Stelle liegen gelassen wurde.[13] Leckerbissen, wie Gänseleberpaste, Ochsenschwanzsuppe etc. sind in der Periode des Überflusses an Wildfleisch zustande gekommen. Große Schwärme von Wildgänsen wurden auf deren Rastplätzen erlegt, und nicht selten wurde, anstelle des zähen Fleisches, nur die weiche Leber verspeist. Beispiele sind genügend vorhanden, dass der Jäger nur als sportliche Aktivität große Wildbüffel erlegte und nur der Schwanz für eine Ochsenschwanzsuppe abgeschnitten und mitgenommen wurde. Der Rest des Kadavers wurde einfach der Natur überlassen.[I]

Der ständige Anstieg an Wildfleischverbrauch hatte nur eine kurze Dauer. Zu Beginn des 20. Jahrhunderts nahm die Jagdlieferung an Wildfleisch immer mehr ab. Das lag an der effizienter gewordenen Feuerwaffe, der überhöhten Jagd, der großen Zahl der Berufsjäger, dem erhöhten Wildfleischkonsum, dem ständig reduzierten Lebensraum der wilden Tiere und schließlich an deren fehlendem Nachwuchs. Die Wildtiere wurden zu unerneuerbaren Ressourcen, und der Mensch oder der Jäger hatte keinen Einflusss darauf, für deren Nachwuchs zu sorgen. Eine Fallstudie über die Spezies Passenger Pigeon[II] (*Ectopistes migratorius*) zeigt die genaue

---

[I] Einige dieser Literaturen sind: Kinloch, AAA; Large Game Shooting, Calcutta 1892, Pollak& Thorn, W.S.; Wild Sport of Assam and Burma, London 1900, Flex, O; Pflanzerleben in Indien, Berlin 1873

[II] Die Passenger Pigeon wurde in der deutschen Sprache als amerikanische Wandertaube bekannt, aber nicht als eine existierende Spezies. Um die Originalität dieses Falles zu bewahren, wird in dieser Untersuchung der Originalname beibehalten

Wirkung der Feuerwaffe in Bezug auf Wildfleisch und die Ausrottung vieler wilder Tiere.

Fallstudie: Das Leben der Passenger Pigeon

Beschreibung

Die Passenger Pigeon (Ectopistes migratorius) ähnelt in der Körpergröße den heimischen Tauben. Im Vergleich hatte sie einen schmalen Körper, einen längeren Spitzschwanz und längere Flügel mit spitzen Enden. Vom Kopf über den Rücken bis zum Schwanz war sie dunkel, Hals und Brust waren braun, vom Bauch bis zum unteren Schwanzbereich war sie weiß und zum Teil dunkel gefärbt. Die Augen waren dunkelrot und die Füße rosa. Die langen spitzen Flügel ermöglichten ihr einen falkenähnlichen Flug und eine höhere Fluggeschwindigkeit von 90 bis 110 km pro Stunde.

Verbreitung

Die Heimatgebiete der Passenger Pigeon erstreckten sich östlich der Rocky Mountains über die Atlantikküste Kanadas bis in die Südstaaten und zur Küste des Golfs von Mexiko der USA. Sie überwinterte in den Südstaaten, und nicht selten flog sie nach Kuba oder Mexiko. Sonst lebte sie in der gemäßigten Klimazone Nordamerikas.

Als Schwarmvogel

Schon die ersten Siedler Mitte des 16. Jahrhunderts berichteten über die Verbreitung der Passenger Pigeon. Ornithologen, Naturforscher, Jäger und Reisende haben gut 350 Jahre lang über diesen Wundervogel ihre Beobachtungen aufgeschrieben. Offenkundige Ähnlichkeit dieser Beschreibungen war die furchterregende Größe der riesigen Schwärme der Passenger Pigeon. Die weitverbreiteten Äußerungen über diese Schwärme waren „aber Millionen Vögel verdunkeln den Himmel“; „der Himmel war nie frei, als die Passenger Pigeon vorbeiflog“; „alle Pigeon der Welt flogen in einer Parade“; oder „deren ungeheure Größe war wie ein Riesengewitter mit Donner und Wolken“.[14] Die vorbeifliegenden Schwärme waren bis zu einige hundert Kilometer lang und flogen ununterbrochen für viele Stunden durch die Gegend. Wenn die Passenger Pigeon sich auf dem Wanderflug befand, gab es tagelang kein Ende von vorbeifliegenden Vogelschwärmen zu sehen, und die Sonne war verdunkelt.
Verschiedene Versuche wurden unternommen, um die Menge der Vögel in den einzelnen Schwärmen zu zählen. Einer dieser Versuche, der ziemlich glaubwürdig erscheint, wurde Mitte der 60er Jahre des 19. Jahrhunderts durchgeführt. Mc Gee, ein Vogelbeobachter, hatte solche Schwärme im

Mississippital häufig beobachtet und einige Zählungen durchgeführt. Mc Gee hatte berechnet, dass ein durchschnittlicher Schwarm einen Durchmesser, von einer Seite zur anderen, von 300 Fuß und eine Höhe von 150 Fuß besaß. Eine Länge von einer Meile sollte laut den Berechnungen 8.800.000 Vögel beinhalten oder ein Schwarm, verbreitet von einem Waldstück zum anderen, zählte 30.000.000 Vögel. Wenn die Passenger Pigeon vorbeiflog, waren es 120.000.000 Vögel pro Stunde, und in fünf Stunden konnte man von einer einzigen Stelle aus 600.000.000 dieser Vögel beobachten.[15] Der berühmte Ornithologe John James Audubon[I] beobachtete im Herbst 1813 in Kentucky ein immenses Naturschauspiel der vorbeifligenden Schwärme der Passenger Pigeon. Audubon versuchte die Zahl der Schwärme zu zählen und notierte dabei 123 Schwärme in 21 Minuten. Die Vögel waren so schnell, dass er das Zählen aufgeben musste. Der Himmel war von den Schwärmen völlig bedeckt und alle Menschen waren mit Gewehren unterwegs. Drei Tage lang flogen die Schwärme ununterbrochen durch das Land und verbreiteten einen Geruch in der Luft. Kaum jemand hatte in den nächsten Wochen anderes Fleisch gegessen, als das der Passenger Pigeon. Nach seiner Berechnung hatte dieser Schwarm mehr als eine Milliarde Vögel.[16]
Andere Beobachter in Ohio, die sich jahrelang mit der Rückkehr der Passsenger Pigeon beschäftigten, zählten einen großen Schwarm von 141 Millionen Vögel. Wilson, ein anderer Ornithologe, hatte einen dieser Schwärme beobachtet, der 360 km lang war. Mehrere Millionen Passenger Pigeon flogen in sehr schneller Geschwindigkeit an ihm vorbei.[17]
Die Frequenzen der Vögel in den Schwärmen waren sicherlich nicht signifikanter als die phänomenale Erscheinung der Riesenschwärme, die tagelang den Himmel bei gutem Wetter verdunkelten. Außer den Gewitterwolken gab es keine anderen Naturereignisse, die mit den Schwärmen der Passenger Pigeon vergleichbar waren. Allein aus diesem Grund blieb dieser Vogel das schönste und traurigste Ereignis der Vogelgeschichte Nordamerikas.

Nachwuchs und Fortpflanzung

Riesige Waldstücke wurden ausgesucht, um die Brutkolonie einzurichten. Die Brutkolonien der Passenger Pigeon konnten von 70 km² bis zu 2000 km² große Waldstücke sein. Klein, groß, jeder Baum wurde in Anspruch genommen. Naturfeinde, wie Füchse, Wölfe, Eulen oder Falken wurden außer Acht gelassen, weil die Passenger Pigeon mit ihrer enormen Schwarmgröße in der extremen Übermacht war. Baumzweige und Ruten

---

[I] John James L.F. Audubon (1785-1851) war der erste amerikanische Ornithologe, der die wilden Vögel Amerikas zeichnete. Über 50 Jahre lang beschäftige er sich mit ihnen und zeichnete 435 Vögel in Lebensgröße, die im berühmten Werk ´Birds of America`veröffentlicht wurden.

wurden zusammengeflochten, um ein einfaches Nest von einem Fuß Duchmesser zu bauen. Durchschnittlich wurden bis zu 100 Nester pro Baum eingerichtet. Die Weibchen legten ein einziges weißes Ei und schon begann die Brutzeit. Die Männchen saßen im Brutkorb vom Vormittag bis gegen 3 Uhr nachmittags. Den Rest an Zeit schaffte das Weibchen allein. Gerademal zwei Wochen waren um, da schlüpfte ein nacktes, blindes Vogelbaby aus dem Ei und verlangte gierig nach Fressen. Schon ging die Fütterung los. Unablässig fütterten die beiden Eltern das Baby, welches Dauerhunger besaß. Raupen, Heuschrecken, Bucheckern, alles passte in diesen gefräßigen Babybauch. Kaum waren weitere zwei Wochen vorbei, da verwandelte sich dieses winzige Vogelbaby in einen plumpigen Fleischkoloss, der größer war als die Eltern selbst, die Federn fingen an zu wachsen und die Flügel wurden beweglich, aber noch nicht flugfähig. Genau zwei Wochen nach dem Schlüpfen aus dem Ei verließen die Eltern das Nest, und das Vogelbaby fiel auf die Erde und suchte nach Fressen. Zwei Tage blieben die Vogelbabys auf der Erde und versuchten sich selbständig zu machen. Schließlich wurden sie flugfähig. Die größte Gefahr für die Vogelbabys bestand in diesen zwei Tagen der Flugunfähigkeit auf der Erde. Es folgten Nahrungsmangel, Naturfeinde oder Orientierungslosigkeit. Wenn diese zwei Tage erfolgreich überwunden wurden, wurde aus dem Baby eine Passenger Pigeon, die in Richtung eigenem Schwarm flog.[18]

Einem Bericht zufolge wurden in einer einzigen Brutkolonie allein 57.000.000 Erwachsene Passenger Pigeon gezählt. Theoretisch sind in dieser Brutkolonie über 28.000.000 Vogelbabies auf die Erde gefallen. Ein riesiges Nahrungsangebot für zahlreiche Lebewesen aus der Tierwelt, die tagelang auf diese Fressorgie gewartet hatten. Nicht nur Tiere, auch die Ureinwohner Nordamerikas hatten diese Chance nicht ungenutzt vorbeigehen lassen. Wenn die Indianer eine dieser Brutkolonien entdeckten, zog die ganze Siedlung in die Nähe der Brutkolonie um. Die Indianer töteten nicht die erwachsenen Vögel. Sie hatten es nur auf die plumpigen Babies abgesehen, und diese wurden zu ihrer Nahrung für die nächsten Monate. John Lawson besuchte Anfang des 18. Jahrhunderts solch eine Indianersiedlung in Carolinas und beobachtete dort die Herstellung von mehreren Hundert Litern Pigeonfett, gewonnen aus der jungen Passenger Pigeon.[19] Trotz dieser enormen traditionellen Nutzung als Nahrung, wurde die Zahl der Passenger Pigeon Schwärme nicht beeinträchtigt. Warum die Eltern das Vogelbaby kurz vor deren Flugfähigkeit zwei Tage lang auf der Erde ihrem eigenen Schicksal überlassen haben und warum mit dieser Selbstverständlichkeit so viel Nahrung für die Natur angeboten wurde, bleibt ein Rätsel.

Die Ernährung der Passenger Pigeon

Die enormen Hartholzwälder Nordamerikas lieferten Millionen Tonnen an Samen für die Zwecke der Fortpflanzung, sowie für die Nahrung der Lebewesen in der Natur. Eckern, Bucheckern und Zapfen dieser Wälder waren die Hauptnahrungsmittel der Passenger Pigeon. Hinzu kamen Beeren, Früchte, Hülsenfrüchte und verschiedene Grassamen. Als Ergänzung zu der vegetarischen Nahrung gab es Proteinnahrung aus der Tierwelt. Würmer, Raupen, Heuschrecken und verschiedene Arten von Insekten wurden von der Passenger Pigeon gern gefressen. Eine ungeheuerlich erscheinende Heuschreckenplage hätten sie sicherlich innerhalb von wenigen Tagen tilgen können.

Das Sozialverhalten der Passenger Pigeon bei der Nahrungsaufnahme war sehr beeindruckend. Die fressende Vorderreihe wurde ständig von der hintersten Reihe fliegend überholt und somit wurde eine gerechte Verteilung für alle ermöglicht. So erschien ein fressender Passenger Pigeonschwarm aus der Entfernung wie ein rotierendes Riesenrad.[20]

Die letzte Phase der Passenger Pigeon

Die Riesenschwärme erschienen den europäischen Siedlern als eine Bedrohung, weil sie Angst davor hatten, dass die Riesenschwärme ihre riesigen Getreidefelder kahl fressen könnten. Sicherlich wurde deren Tötung damit gerechtfertigt, den Zugang zu Wildfleisch zu ermöglichen. Abfangen, abschießen und verspeisen war die angebliche Lösung. Das Fleisch war vor allem eine Delikatesse. In vielen Schriften wurde das Aroma und der Geschmack des Passenger Pigeonfleisches einstimmig gelobt. Der schwedische Gelehrte Pehr Kalm (1716-1776) bezeichnete dieses als das wohlschmeckenste Geflügelfleisch, das er je zu sich genommen hatte.[21] Mit einer enormen Menge an Fleischlieferung unterstützte die Passenger Pigeon jahrhundertelang die armen Siedler aus Europa. In den Südstaaten wurden die Tische der Bauern damit gedeckt, und in Kanada ernährten sich die Menschen nur vom Passenger Pigeonfleisch, wenn die Schwärme vorbeiflogen. Während der Jagdsaison war die Passenger Pigeon auf jedem Esstisch zu finden. Die Bauern jagten viele von ihnen, gaben ihren Dienern reichlich davon zu essen, fütterten ihre Hunde und Schweine damit und salzten den Rest als Vorrat für den Winter.[22]

Die Jäger verkauften den Jagdüberschuss. Sie verkauften auch lebendige Passenger Pigeon, weil lebend Gefangene einen höheren Verkaufswert erzielten als Tote. Deshalb wurden sie auch mit Netzen gefangen. Von der Ostküste Kanadas bis in die Südstaaten Nordamerikas wurden die Netze verlegt. Millionen von Passenger Pigeon sind Jahrhunderte lang in diese Netze reingelaufen. Die getöteten Tiere hatten einen geringeren Verkaufswert, weil die Passenger Pigeon in sehr großen Mengen erlegt

wurde und schnell verbraucht werden musste. So kosteten auf dem Markt von Boston 12 gerupfte, fein gesäuberte und schön verpackte Passenger Pigeon nur drei Cent. Manchmal, wenn die Lieferung groß war, gab es Angebote. So konnte man zum Beispiel für einen Cent so viele Passenger Pigeon mitnehmen, wie man tragen konnte.[23] Dort, wo die Schwärme vorbeiflogen, gab es kaum andere Fleischsorten in den Hotels und Gaststätten als Passenger Pigeonfleisch. Zahlreiche Kochrezepte dieser Fleischsorte waren weit verbreitet. Die bekanntesten Rezepte waren Pigeonsuppe, Pigeonfrikassee, Pigeonfleisch mit Cremesoße oder Pigeonfleisch mit Silberzwiebeln. Manchmal, wenn die Versorgung der Armee knapper wurde, deckte man den Fleischmangel mit Passenger Pigeonfleisch ab.
Die Menge der gefangenen und getöteten Passenger Pigeon war sehr groß, aber deren Absatzmärkte waren kaum vorhanden. Größere Entfernungen und schwierige Transportmöglichkeiten waren die Hindernisse. Beladene Schoner mit Passenger Pigeon kamen den Hudson River entlang nach New York, oder entlang der Küste der Great Lakes wurden Städte wie Detroit oder Chicago versorgt. Aber in den ersten 200 Jahren der europäischen Siedlungen kam kein regelmäßiger Handel mit dem Passenger Pigeonfleisch zustande, und trotz des dezimierten Zustands lebten die Schwärme der Passenger Pigeon weiter.

Die Endphase

Die Wende kam in der zweiten Hälfte des 19. Jahrhunderts, als landesweit die Eisenbahnschienen verlegt wurden. Zwei bedeutende Entwicklungen hatten zur systematischen Vernichtung der Passenger Pigeon beigetragen; erstens die immer effizienter gewordene Jagdwaffe und zweitens der Schienenverkehr, durch den die entfernten Städten im Westen erreicht werden konnten. Tausende von hauptberuflichen Jägern traten in den neuen Dienst ein, und Millionen von Passenger Pigeon wurden täglich per Eisenbahn in die Städte geliefert. Früher war die Lieferung nur saisonbedingt gewesen, aber jetzt kam das Pigeonfleisch von überall her das ganze Jahr hindurch. Menschen, die nie so etwas gegessen hatten, fingen an, Passenger Pigeon auf ihren Speiseplan aufzunehmen.[24]
Die Jäger suchten die Brutkolonien auf, holten mit langen Stöckern die plumpigen Küken aus ihrem Nest herunter, töteten die erwachsenen Vögel und folgten den Schwärmen zu den nächsten Brutgebieten. Nachts zündeten die Jäger unter den hohen Bäumen Schwefel in Behältern an. Die daraus entstandenen Schwefeldämpfe betäubten die auf den Bäumen schlafenden Passenger Pigeon, und sie fielen zu tausenden herunter. Andere Jäger legten Feuer unter den Schlafplätzen und verursachten so Verwirrung unter den schlafenden Vögeln in der dunklen Nacht, so dass sie zu tausenden herunterfielen. Alle diese Fänge wurden für die nächste

Lieferung vorbereitet. Laut einiger Berichte verarbeitete eine einzige Anlage im Jahre 1855 18.000 Passenger Pigeon am Tag.[25]
Das letzte Viertel des 19. Jahrhunderts wurde als der Untergang der Passenger Pigeon bezeichnet. Die Märkte der Großstädte wurden täglich mit Millionen von Passenger Pigeon versorgt, aber der Bedarf wurde nie gesättigt, und die Preise blieben unverändert. Immer wieder wurde in die Brutkolonien eingedrungen und andauernd die Fortpflanzung verhindert. Es wurden sogar Schießwettbewerbe organisiert, bei denen der Gewinner mindestens 30.000 Passenger Pigeon herunterholen musste, um die Trophäe zu beanspruchen.
Die Sichtung der Passenger Pigeon Schwärme wurde kurz vor der Jahrhundertwende zur Rarität. Um den Bedarf der Märkte zu decken und das Einkommen der Jäger zu sichern, suchten diese immer wieder neue Schwärme aus. Im Jahre 1896 wurde ein Schwarm von ca. 250.000 Passenger Pigeon gesichtet. Die neu eingerichteten modernen telegraphischen Kommunikationsnetzwerke ermöglichten einen schnellen Informationsaustausch zwischen den Jägern. An einem Morgen im April sammelte sich eine große Anzahl von Jägern an dem Ort, wo der Schwarm sich aufhielt. Am Ende des Tages wurden 200.000 Passenger Pigeon massakriert, 40.000 waren schwer verletzt, tausende von Jungvögeln wurden vernichtet und den Raubtieren und Aasfressern überlassen. Nur 5.000 Passenger Pigeon konnten vor der Jagdorgie fliehen. Dieses war der letzte notierte Passenger Pigeonschwarm. Danach wurde gelegentlich von der Sichtung einiger dutzender oder einzelner Passenger Pigeon berichtet.[I]
Als die Passenger Pigeon seltener wurde, verbot die Michigan Legislatur Anfang 1890 die Jagd innerhalb von zwei Meilen einer Brutkolonie der Passenger Pigeon. Kaum jemand hatte die weiche Vorschrift beachtet. Einige Gesetzesbrecher wurden auch verhaftet, aber eine Wirkung daraus hatte sich nicht gezeigt. Die Michigan Legislatur ratifizierte 1897 ein neues Gesetz, das ein zehnjähriges Jagdverbot der Passenger Pigeon einräumte. Die Passenger Pigeon lebte zwar in der Natur, aber die erlassenen Gesetze waren nicht in der Lage, die in einzelnen oder in kleinen Schwärmen verstreuten Vögel aus den Wäldern des riesigen Kontinents Nordamerika zusammenzuführen.
Mr. F. H. Miller, ein Fleischhändler auf dem Markt von St. Louis, verkaufte riesige Mengen an Passenger Pigeon, und die Lieferungen kamen regelmäßig. 1902 erhielt er nur zwölf Dutzend Passenger Pigeon und im Jahre 1906 wurde ihm nur eine einzige geliefert, und dieses war die letzte notierte Marktlieferung der Passenger Pigeon.[26] Einem anderen Bericht

[I] John Muir, der berühmte schottisch-amerikanische Naturforscher widmete sich in seiner Autobiographie ´The Story of My Boyhood and Youth "(Boston 1913) auf fünf Seiten der systematischen Vernichtung der Passenger Pigeon.

zufolge wurde im Jahre 1907 eine Passenger Pigeon durch einen Schrotschuss getötet, und dieses gilt als die letzte Jagd auf diese Spezies.
In den folgenden Jahren berichtete niemand mehr von der Sichtung der Passenger Pigeon in der Natur. Zwischen den Jahren 1909 und 1912 kündigte die Amerikanische Ornithologische Union eine Belohnung von 1500 US Dollar an, wenn jemand die Existenz eines Schwarms oder einer Brutkolonie der Passenger Pigeon nachweisen könne. Die Belohnung von 1500 US Dollar war für damalige Verhältnisse ein großes Vermögen, aber trotz intensiver Suche war niemand in der Lage, die Prämie zu beanspruchen. Alle Versuche, die Passenger Pigeon in die Wälder zurückzuführen, waren fehlgeschlagen.
Es lebten einige Passenger Pigeon in Gefangenschaft, die aber keinen Nachwuchs erzeugen konnten. Der zoologische Garten von Cincinnati erhielt im Jahre 1909 drei Passenger Pigeon, zwei Männchen und ein Weibchen. Um 1910 starben die beiden Männchen. Es blieb das Weibchen als einzige Passenger Pigeon der Welt übrig. Liebevoll nannten die Zooangehörigen das Weibchen „Martha", nach Martha Washington, der Ehefrau des beliebtesten US Präsidenten George Washington. Einsam verbrachte Martha noch vier Jahre und starb am 1. September 1914 gegen 13 Uhr. Einige Jahrzehnte früher hätte niemand gedacht, dass einst der mächtigste Vogel Nordamerikas auf diese Art und Weise verenden würde.
Das ´Smithsonian´s National Museum of Natural History` präparierte die letzte Passenger Pigeon der Welt und bewahrte sie auf. Sie trägt die Inschrift „MARTHA Last of her species, died at 1 p.m., 1st September 1914 in the Cincinnati Zoological Garden".

Die Schuldverschiebung

Jäger, Fleischhändler und viele andere Menschen versuchten andere Ursachen für das Verschwinden der Passenger Pigeon zu finden als die menschliche Tat. Zahlreiche Bücher und Stories wurden veröffentlicht, in denen die Auswanderung der Passenger Pigeon nach Südamerika oder Australien beschrieben wurde. Andere haben versucht, die Schuld des Aussterbens den Parasiten und entsprechenden Krankheiten zuzuschreiben und einige versuchten zu beweisen, dass, während des Fluges, die Riesenschwärme vom Nebel umkreist wurden und im Atlantik, im Golf von Mexiko oder in den Great Lakes ertrunken seien.[27]
Nach sorgfältigen Untersuchungen konnte keine dieser Behauptungen nachgewiesen werden. Es wurde weder eine einzige Passenger Pigeon in Südamerika oder Australien entdeckt noch Schwärme von toten Passenger Pigeon im Meer gefunden. Alle Hinweise führen zu dem Ergebnis, dass die menschliche Ursache das Ende der Passenger Pigeon herbeigeführt hatte und zwar durch die ununterbrochene Vernichtung und den Konsum in großen Mengen. Die Passenger Pigeon war ein Schwarmvogel und

brauchte eine große Anzahl an Vögeln, um ein optimales Leben und eine optimale Fortpflanzung zu ermöglichen. Mit einer kleinen Anzahl von Vögeln in der Gefangenschaft oder in der Natur war die Rettung dieser Art nicht möglich.
Auf einem Denkmal, für die Passenger Pigeon, im Wisconsin Wyalusing State Park steht geschrieben „Diese Art ist durch Gedankenlosigkeit und Gier des Menschen ausgestorben".

Die Schlussfolgerung des Geschehens

Das Ende der Passenger Pigeon ist eine authentische Falldarstellung des Durchzugs der modernen Feuerwaffen, die allein für die vollständige Ausrottung dieser Spezies verantwortlich gemacht werden können. Niemand ahnte im Voraus das Schicksal der Passenger Pigeon, noch ahnte jemand etwas über den systematischen Verbrauch dieser Art als gewöhnliches Nahrungsmittel. Als die Marktlieferung der Passenger Pigeon drastisch zurückging, der Berufsjäger arbeitslos wurde und der Verbraucher den Vogel nicht mehr konsumieren konnte, fing der Mensch an, sich Gedanken über diesen Wildvogel zu machen. Niemand konnte allein beschuldigt werden, noch konnte das amerikanische Volk für diesen Ausrottungsakt direkt verantwortlich gemacht werden. Es war eine unorganisierte, aber eine systematisch durchgeführte und kollektive Tat, an der viele Menschen teilgenommen hatten, ohne ein synergistisches Bewusstsein zu entwickeln. Das Gemeimschaftsgefühl dieses Tuns wurde nach der Beendigung dieses Aktes aufgeweckt. Die pathetische Geschichte der Passenger Pigeon wurde postum geschrieben und deren Rettungsmaßnahmen postum eingeleitet. Das alles geschah, als sich das logische Wissen über Mensch und Natur und das zwischenmenschliche kommunikative Netzwerk in der Entwicklungsphase befand. Die Synergie, die Natur zu schützen, beruht auf einem Handeln mit geschichtlichem Wissen und dem daraus resultierenden konstruktiven Verhalten.

Wildfleisch in der Gegenwart

Trotz des ständigen Rückgangs der Wildbestände, ist der traditionelle Konsum von Wildfleisch weltweit geblieben und hat gebietsweise sogar zugenommen. Der Konsum von Wildfleisch ist kulturabhängig und, je nach Esskultur, werden unterschiedliche wilde Tiere konsumiert. Laut IUCN-Angaben sind viele Spezies nur wegen des Konsums durch den Menschen vor dem Aussterben bedroht, und viele Spezies sind dadurch ausgestorben. Laut einer Studie werden in der gegenwärtigen Zeit weltweit jährlich 3 bis 4 Millionen Tonnen Wildfleisch konsumiert.[28] Gejagt und

verspeist werden alle wilden Tiere, die in unterschiedlichen Esskulturen unterschiedlich vertreten sind. Hier ein Beispiel: In einigen südwesteuropäischen Staaten werden kleinere Singvögel als Delikatesse verspeist, dagegen wird in Afrika, südlich der Sahara, Bush-Meat bzw. Primatenfleisch, als gewöhnliche Nahrung konsumiert. Die 80.000 Bewohner der Stadt Bioko in Äquatorialguinea verbrauchen jährlich über 100.000 kg an Wildfleisch.[29]
Durch das ständige Bevölkerungswachstum werden die Wälder und die Lebensräume der wilden Tiere immer weniger. Der Mangel an Schutz ermöglicht den ständigen Konsum von Wildfleisch, und gleichzeitig fordert das wirtschaftliche Interesse, diese Praxis fortzuführen. Kulinarische Gastwirtschaften und kulinarische Küchen verwenden größere Mengen an Wildfleisch, und gleichzeitig existieren durch den modernen Transport und durch die Logistik ein unterstützender weltweiter Handel mit Wildfleisch fast aller vorhandener Arten. Das weltweite Angebot an Wildfleisch ist im Internethandel weit verbreitet. Über erlaubte, bis hin zu unerlaubten Spezies, die mit unterschiedlichen Methoden gejagt werden, wird für den Verkauf alles angeboten. Die meisten dieser Angebote kommen per Home-delivery zum Verbraucher. Weinhersteller prädikatisieren ihre Weine mit der Inschrift "Sehr geeignet für Wildfleisch", immer wieder neue Kochrezepte präsentieren Wildfleischgerichte, und selbst Supermärkte verfügen über Wildfleisch in ihrem Sortiment. Obwohl viele dieser Supermarktsangebote aus der Züchtung wilder Spezien stammen, animieren sie die Tendenz des Wildfleischkonsums in die Richtung zum Verzehr des natürlichen Wildfleisches.
Als Alternative zum Wildfleisch wird das Kulturfleisch bzw. das Fleisch der Wirtschaftstiere empfohlen, welches nicht als einwandfreie Lösung angenommen werden kann. Die Zucht von Wirtschaftstieren ist bedroht durch die Raubtiere, und die Ausrottung der Raubtiere erweitert die Zahl der wilden Herbivoren, die die Pflanzenwelt kahlfressen würden. Die Dezimierung der wilden Herbivoren durch das Jagen wird keine Lösung bringen, weil hier das Gleichgewicht zwischen Flora und Fauna fehlen würde.

Wachstum der Wirtschaftstiere

Ein langandauernder und bitterer Streit zwischen Jägern und Bauern, in der ersten Hälfte des 20. Jahrhunderts, beruhte auf Verwechslungen von wilden Tieren und Wirtschaftstieren, die die Jäger versehentlich erschossen hatten. Die für eine kurze Zeit erschienene Blütezeit der Berufsjäger kam zu Ende, und das Wildfleisch wurde immer knapper. Aber der Geschmack und die neue Gewohnheit des vermehrten Fleischkonsums waren geblieben. Das verbliebene Fleischangebot stammte hauptsächlich aus den bäuerlichen Züchtungen, die im geringen Maße vorhanden waren. Durch die Ausrottung der Raubtiere stieg der Viehbestand langsam an. Bauern und Viehzüchter konnten Tiere bedenkenlos zur Weide bringen, in der Wildnis sie Futter suchen lassen und nachts beruhigt in die Ställe bringen. Gegen die plötzliche Erscheinung von Raubtieren wurden Maßnahmen ergriffen, indem Jäger das Raubtier verfolgten, erlegten und dieses als Trophäe mitnahmen. Viele der Bauern und Viehzüchter besaßen selbst Feuerwaffen, und je nach Bedarf, wurde Gebrauch von ihnen gemacht. Es lag vorwiegend am Mangel an Viehfutter, dass, trotz der wachsenden Nachfrage an Fleisch, am Anfang des 20. Jahrhunderts die Lieferung nicht bedarfsmäßig gedeckt werden konnte.

Die gefahrlose Wildnis ermöglichte eine neue Art der Tierhaltung, die als Weidelandwirtschaft bezeichnet wurde. Es besteht schätzungsweise 25% der Erdoberfläche aus Grasland, und immer mehr Tierzüchter wurden von der Nutzung dieser Landschaft abhängig. Ruminanten, wie Schafe, Ziegen und Rinderherden erweiterten sich allmählich und lieferten zunehmend Milch und Fleisch. Mittlerweile ist die Weltbevölkerungsschicht, die mit der Weidelandwirtschaft ihren Lebensunterhalt verdient, bis auf über 800 Millionen gestiegen. Die Tierzucht aus dem Weideland liefert 70% des Lamm- und Ziegenfleisches, 35% des Rindfleisches und 90% der Milch.[30]

Die rasche Industrialisierung in der ersten Hälfte des 20. Jahrhunderts, gefolgt durch zwei Weltkriege, verursachte zwangsläufig weltweit eine wirtschaftliche Entwicklung. Der Abbau der Rohstoffe, Siedlungen an den Produktionsstätten, Erweiterung der Verkehrsnetze und der Aufbau der Infrastruktur beschäftigten immer mehr Menschen in den Bereichen der Industrie, des Handels und der Dienstleistung. Das sichere und erhöhte Einkommen der nicht landwirtschaftlichen Bevölkerung ermöglichte immer mehr den Zugang zu Nahrungsmitteln tierischer Herkunft.

Aufgrund der hohen Preise der Fleischprodukte wurde dieses auch als wertvolle Nahrung bezeichnet. Nahrungsmittel zählen zu den ersten Voraussetzungen eines besseren Lebens, und Fleisch wurde oft als das hochwertigste Nahrungsmittel bezeichnet. Sorgfältig definiert bedeutet dies, dass ein besseres Leben mit einer besseren Nahrung beginnt und Fleisch als edle Nahrung zählt. Unter dieser Voraussetzung und Vorstellung stand das Fleisch an erster Stelle der Nahrungmittelpalette des modernen Menschen.

Das Fleisch wurde die gesellschaftliche Repräsentation und das Wohlstandskriterium. Das Festmahl einer großen Feier wurde anhand des offerierten Fleisches geschätzt, und eine Feier bedeutete das Fleisch, das in Mengen konsumiert wurde. Hochzeiten, religiöse Feste oder Trauerfeiern, bei allen damit verbundenen Mahlzeiten spielte das Fleisch die bedeutendste Rolle, und die Qualität des Festmahls wurde hauptsächlich anhand der vorhanden Menge und Vielfalt des Fleisches bewertet. Die größte Nahrungsausgabe wurde die Fleischausgabe, gefolgt von den Ausgaben für andere Nahrungsmittel tierischer Herkunft, wie Fisch, Eier und Milch. Die günstigeren Nahrungmittel sind die pflanzlicher Herkunft, wie Getreideprodukte, Knollenfrüchte, Gemüse und Obst. Zweifellos wurde Fleisch das bedeutendste Nahrungsmittel in der ersten Hälfte des 20. Jahrhunderts. Die Kaufkraft stieg immer weiter an und, um der Versorgung nachzukommen, erweiterte sich allmählich die weltweite Tierhaltung.

Die Tierhaltung im großen Stil konnte nur in den Ländern praktiziert werden, wo große Weideflächen vorhanden waren. Zu denen zählten neu besiedelte Länder, wie die USA, Australien und Neuseeland. Diese Länder besaßen eine warme Steppenlandschaft, wo die Wiederkäuer weiden konnten. Mit Hilfe des neuen Schienenverkehrs konnten die Tiere in die Städte transportiert werden, und so begannen die ersten modernen Tier- bzw. Fleischtransporte. Ab Mitte des 20. Jahrhunderts, als die Straßennetze ausgebaut wurden und der LKW-Verkehr zustande kam, wurden Tiere, auch in kleinerer Anzahl, aus allen möglichen Tierhaltungen zu allen möglichen Märkten transportiert, und der Verbraucher wurde regelmäßig mit Fleisch versorgt. Innerhalb weniger Jahrzehnte wuchs die Fleischproduktion von den kleinbäuerlichen Betrieben zu industriemäßigen Produktionsstätten an.

Die Informationen in den 20er Jahren des 20. Jahrhunderts über die wertvollen Nährstoffe, wie die Vitamine, gaben zusätzlich neue Impulse, um vermehrte Mengen an Fleisch zu konsumieren. Mit dem wachsenden Fleischbedarf begann die intensive Tierhaltung, indem Tiere mit ausreichend Futter im begrenzten Raum gezüchtet wurden. Die Einfuhr von Antibiotika und von Impfstoffen ab den 40er Jahren des 20. Jahrhunderts, leistete einen Beitrag dazu, die Tierkrankheiten bzw. Tierepidemien sowohl in der intensiven als auch in der extensiven Tierhaltung zu bekämpfen. Die traditonelle Landwirtschaft hatte die Aufgabe, vorwiegend das Getreide zu produzieren, und die Tierhaltung bestand vorwiegend daraus, die Anzahl der Arbeitstiere aufrechtzuerhalten. Tierhaltung, nur für die Zwecke der Fleischlieferung im großen Stil, ist eine neue Entwicklung im Bereich der Landwirtschaft.

Tierhaltung in der Nomadenwirtschaft basierte auf der Wanderschaft, zwecks Futtersuche, samt Tieren und Familienmitgliedern. Die Nomaden versorgten sich von ihren Tieren und lieferten kein Fleisch an ansässige Menschen. Eine symbiotische Funktion zwischen den Nomaden und deren Tieren beruhte auf deren Gegenseitigkeit der Futtersuche und Nahrungslieferung. Die ansässige Tierhaltung für die Fleischlieferung unterscheidet sich von der Nomadenwirtschaft, indem die Tiere nicht für die Selbstversorgung, sondern für den Markt gezüchtet werden.

2. Lebensmittelsoziologische Vorstellungen des Fleisches

Die Menschen gewöhnten sich nicht deshalb an den Fleischverzehr, weil es eine gesunde Nahrung war, sondern weil es die einfachste zugängliche Nahrung war, wenn zum Beispiel ein totes Tier in der Nähe lag. Der Sättigungsgrad beim Fleischkonsum war größer als der Konsum von pflanzlicher Nahrung, und deshalb wurde Fleisch als Nahrung bevorzugt. Außerdem war der Verzehr mit dessen Geschmack verbunden, da das Fleisch unterschiedlicher Tierarten einen identischen Fleischgeschmack besaß, die Nahrungsmittel pflanzlicher Herkunft aber unterschiedlich schmeckten. Im Vergleich zu vielen geschmacklosen pflanzlichen Nahrungsmitteln wurde das Fleisch bevorzugt. Später, im Laufe des Zivilisationsprozesses, wurde Fleisch als kraftvolle Nahrung bezeichnet. Das Jagen und der damit verbundene Fleischkonsum gehörten zur Mutprobe und zum Machteinfluss.

Gejagt wurden nur die Tiere, die sich nicht wehren konnten oder sich nicht wehren wollten. Um an das Fleisch zu gelangen, wurden sehr selten Raubtiere gejagt, und die Raubtiere selbst verfolgten auch keine anderen Raubtiere für diese Zwecke. Das lag nicht am besseren Geschmack des Fleisches, sondern am einfachen oder leichten Zugang zu harmlosen Tierarten, wo das Gefahrenrisiko durch den Jagdversuch geringfügig war. Aus diesem Grund hatten sich die Menschen und auch die Raubtiere auf das Fleisch von harmlosen Tieren, wie Herbivoren spezialisiert. Andererseits besaßen die Herbivoren die Aufgabe, die Pflanzenwelt unter Kontrolle zu halten, indem sie diese als Nahrung konsumierten, und gleichzeitig verfügten die Karnivoren über die Aufgabe, das Wachstum der Herbivoren unter Kontrolle zu halten, indem sie die Herbivoren als ihre Nahrung konsumierten. Aus diesem Grund existieren Flora und Fauna gemeinsam, um das Gleichgewicht der Natur aufrechtzuhalten.

Die Fleischsorte, die ein Raubtier konsumierte, wurde auch von Menschen konsumiert, und damit wurde nicht nur die Muskelkraft mit den Raubtieren verglichen, sondern der Mensch war oft von der Beute der Raubtiere abhängig. So verfolgten zum Beispiel Menschen Leoparden, um ihnen die gejagten Tiere zu entreißen. Sie waren es gewöhnt, dieselbe Beute der Raubtiere zu konsumieren. Der Mensch fürchtete sich vor den Raubtieren, weil diese kräftiger als sie selbst waren und die Nahrung der Raubtiere nur aus Fleisch bestand. Allein diese Informationen konnten vermitteln, dass das Fleisch Kraft und Mut erzeugte. Dass die Herbivoren in diesem Sinne noch kräftiger waren als die Karnivoren, wurde nicht berücksichtigt, weil es sich hier nur um die Nahrung handelte.

In der gegenwärtigen Zeit wird der Verzehr von Fleisch nicht direkt, wie im Altertum, mit Mut und Muskelkraft verglichen, sondern Fleisch wird als bedeutender Proteinlieferant und als wichtige Vitamin- und

Mineralstoffquelle bezeichnet. Aus Geschmacksgründen und aus ernährungssoziologischen Hintergründen wird Fleisch als gesunde Nahrung konsumiert und gleichzeitig als Wohlstandsfaktor definiert. Das Fleisch und die Fleischprodukte begleiten alle Mahlzeiten der Wohlstandsgesellschaft und wurden ein unverzichtbarer Teil der täglichen Nahrung.

Definition des Fleisches als Nahrung

Unter Fleisch als Nahrung werden die weichen Bindegewebeteile von Tieren bezeichnet. Fett, Blut, Organe, Knorpel, Knochenmark und Innereien können auch als Fleisch bezeichnet werden, wenn diese dem Menschen als Nahrung dienen. In der Regel kann alles aus einem Tier, das essbar ist, als Fleisch gelten. Aus etymologischer Sicht bedeutet Fleisch Nahrung bzw. Nahrungsanteil. Fruchtfleisch beschreibt den essbaren Anteil in einer Frucht, und unter Fischfleisch bezeichnet man den essbaren Anteil eines Fisches ohne Gräten. Der Begriff Fleisch als Substantiv beschreibt die gewonnene Nahrung aus einem geschlachteten oder getöten Tier ohne Knochen.
Das Fleisch wird an erster Stelle direkt als Nahrung verwendet, und an zweiter Stelle dient es als Rohstoff für die weitere Nahrungsmittelproduktion. Für die Zwecke der Nahrungsmittelproduktion wird das Fleisch zuerst für die Herstellung direkter Fleischwarenprodukte, wie Wurst, Salami, Schinken etc. verwendet. Gleichzeitig gelten Fleisch und Fleischprodukte als Zutaten für die Herstellung von unterschiedlichen Nahrungsmitteln. Alle diese direkten und indirekten Verwendungen des Fleisches gelten als Konsum von Fleisch als Nahrungsmittel.
Bei der traditionellen Art des Fleischverbrauchs wurden die Körperteile eines Tieres samt Knochen, Fett und Innereien zubereitet und die Fleischteile mühsam von den Knochen abgebissen. Es dauerete somit sehr lange, bis ein Mensch eine geringe Portion Fleisch konsumieren konnte. Bei der modernen Art des Fleischverbrauchs wird das Fleisch, in der Regel, im Voraus von Fett, Knochen und anderen wenig genießbaren Teilen befreit, und somit wird dem Verbraucher ein unverhinderter Fleischgenuss in verhältnismäßig kurzer Zeit ermöglicht. Die anderen Fleischanteile, wie Fett, Knorpel, Blut, Innereien, Organe, Sehnen etc., die der moderne Verbraucher ungerne direkt konsumiert, werden mit anderen Fleischanteilen zum Teil zu Hackfleisch verarbeitet, das als Rohstoff für die Nahrungsmittelindustrie dient. Fleisch, Hackfleisch und maschinell von Knochen getrenntes Separatorenfleisch sind die bedeutendsten Direktprodukte der modernen Fleischwirtschaft.

Der Hauptbestandteil von Fleisch besteht zu 64-80% aus Wasser. Die anderen mengenmäßigen Bestandteile sind Fette und Proteine. Das Fett im Tierkörper besteht aus verschiedenen Fettsäuren. Rinderfett zum Beispiel besteht aus Ölsäure, Stearinsäure, Palminsäure, Linolsäure und Myristinsäure. Alle diese verschiedenen Säuren sind organische Molekularverbindungen.
Die Proteine bestehen aus organischen Aminosäuren. Die Haupt-Inhaltselemente der Aminosäuren sind Kohlenstoff C (45-55%), Wasserstoff H (6-8%), Sauerstoff O (19-25%) und Stickstoff N (14-20%). Unterschiedliche Zusammensetzungen dieser vier Elemente ergeben verschiedene Aminosäuren. Nach bisherigen Kenntnissen sind insgesamt 22 Aminosäuren im menschlichen Körper vorhanden. Von den 22 werden acht Aminosäuren (Isoleucin, Leucin, Lysin, Methionin, Phenylalanin, Threonin, Tryptophan und Valin) als lebenswichtig bezeichnet. Von den 22 Aminosäuren kann der menschliche Körper 14 Aminosäuren, außer den acht essentiellen Aminosäuren, selbst herstellen. Die Aminosäuren sind die Bausteine der Proteine, und die Proteine sind die Bausteine aller Lebensprozesse. Die essentiellen Aminosäuren sind in unterschiedlichen Mengen sowohl in den pflanzlichen als auch in den tierischen Lebensmitteln vorhanden. Da die Grundelemente der Aminosäuren gleichzeitig die Grundelemente aller Lebensprozesse sind, sind diese in unterschiedlicher Form oder Menge in allen Nahrungsmitteln pflanzlicher und tierischer Herkunft vorzufinden.
Geringe Spuren von Kohlenhydraten[1] von weniger als einem Prozent sind in verschiedenen Fleischsorten vorhanden, diese werden aber nicht als bedeutende Nahrungsanteile bezeichnet. Die Proteine bilden die lebenswichtigen Aminosäuren, und die Vitamine und Mineralien unterstützen den Stoffwechsel, das Wachstum und die Aufrechterhaltung des Körpers. Der Begriff Vitamin kam irrtümlich zustande, indem *Vita* als Leben und *Amin* bzw. Ammoniak als organische Stickstoffverbindung bezeichnet wird. Dieses Ammoniak ist ein stechend riechendes Gas, das sehr gesundheitsschädlich ist. Die sog. Vitamine sind organische Verbindungen, die für die wichtigsten Körperfunktionen, wie den Stoffwechsel, die Aufrechterhaltung des Immunsystems und für metabolische Zwecke benötigt werden.
Die essentiellen Vitamine sind primär in Obst, Gemüse, Wurzelfrüchten, Knollenfrüchten, Hülsenfrüchten, Ölfrüchten, Nüssen, Samen und Getreide vorhanden. Verschiedene Vitamininhalte im rohen Fleisch können durch

[1]Die Kohlenhydrate bestehen aus organischen Elementen, die hauptsächlich in allen pflanzlichen Nahrungsmitteln, wie Getreide, Obst oder Gemüse vorhanden sind. Sie sind reine Energielieferanten für den Energiebedarf des Körpers. Beim Stoffwechsel werden die Kohlenhydrate in verschiedene Bestandteile, wie Kohlenstoff (C), Wasserstoff (H) und Sauerstoff (O) zerlegt und je nach Bedarf vom Körper verbraucht.

Hitzebehandlung reduziert werden. Der Vitamingehalt von Kalbsleber im rohen Zustand ändert sich drastisch, wenn diese erhitzt wird. Der triviale Begriff Vitamin, der mit den alphabetischen Großbuchstaben gekennzeichnet wird, ist in der Chemie mit bestimmten Namen wie Retinol für Vitamin A oder Ascorbinsäure für Vitamin C gekennzeichnet. Die wichtigsten Vitamine für die Menschen sind: Retinol (A), Thiamin (B1), Riboflavin (B2), Niacin (B3), Panthonensäure (B5), Pyridoxin (B6), Biotin (B7), Folsäure (B9), Cobalamin (B12), Ascorbinsäure (C), Calciferol (D), Tocopherol (E), Phyllochinon (K1) und Menachinon (K2). Alle diese Vitamine, außer Cobalamin, können Pflanzen und Tiere selbst herstellen, und sie sind in unterschiedlicher Form in pflanzlichen und tierischen Nahrungsmitteln vorhanden. Cobalamin wird von Mikroorganismen produziert, die im Darmbereich des Menschen und Tieres existieren. Eine Symbiosefunktion dieser Mikroorganismen ist damit vorstellbar.

Anders als die Vitamine sind die Mineralien wie Natrium, Calcium, Jod oder Eisen, nichtorganische Stoffe. Sie üben eine bedeutende Rolle im Körper aus und können nicht selbst hergestellt werden. Die Mineralien sind reine Elemente, die der Körper als Mengenelemente benötigt, wie Calcium oder Natrium. Eisen oder Kupfer benötigt er als Spurenelemente.

Das Spurenelement Eisen hat in pflanzlichen und tierischen Vorkommen unterschiedliche Werte. Der Eisengehalt in der pflanzlichen Nahrung wird als zweiwertig und dreiwertig bezeichnet. Dieses zweiwertige und dreiwertige Eisen aus pflanzlicher Herkunft wird von aufnahmehemmenden Substanzen begleitet, die die Eisenaufnahme im menschlichen Körper zum Teil verhindern. Hülsenfrüchte, wie die Sojabohne besitzen einen hohen Anteil an Eisen, aber der vorhandene Phosphatgehalt verhindert den größten Teil der Eisenaufnahme. Allerdings können die Rezeptionshemnnisse in Präsenz der Ascorbinsäure (Vitamin C) reduziert werden. Dagegen enthält Fleisch das hochwertige Hämeisen, welches fettlöslich ist und vom menschlichen Körper sehr leicht aufgenommen werden kann.

Der Eisenmangel ist eine häufige Erscheinung bei schwangeren Frauen und kann Erschöpfung, Müdigkeit etc. hervorrufen. Diese Ereignisse werden auch als natürliche Schutzwirkung bezeichnet, da sich die Schwangere bis zur Geburt ausruhen und wenig tun soll. Dagegen kann eine hohe Eisenversorgung Krankheiten, wie Arteriosklerose oder Krebs, verursachen.

Fleisch als regelmäßige Nahrung

Die Modernisierung der Landwirtschaft, in der ersten Hälfte des 20. Jahrhunderts, ermöglichte die ständig wachsende Fleischproduktion. Die raschen Fortschritte in der veterinären Schulmedizin, der steigende Futtermittelanbau und die stetig wachsende Nachfrage nach Fleisch sind die maßgebenden Faktoren dieser Entwicklung. Neben den pflanzlichen Nahrungsmitteln wird das Fleisch als gewöhnliche Nahrung produziert und verbraucht. Bezüglich dieser Entwicklung ist das Fleisch im letzten halben Jahrhundert, in fast allen Ländern mit höherer Kaufkraft, eine Art Grundnahrung geworden. Die Rolle der Wirtschaftstiere wurde vorwiegend für die Fleischlieferung konzipiert. Das gesamte Vorhaben der Fleischwirtschaft wurde dadurch ermöglicht, dass das Futter als Input-Rohstoff galt und die Veterinärmedizin als Schutz für die Tiere.

Das Wachstum der Fleischproduktion in der zweiten Hälfte des 20. Jahrhunderts kann in zwei Abschnitten gekennzeichnet werden. Der erste Abschnitt erstreckt sich über den Zeitraum Anfang der 50er Jahre bis in die Mitte der 80er Jahre, und der zweite Abschnitt erstreckt sich über die Mitte der 80er Jahre bis in die Gegenwart. Im ersten Abschnitt fand das rapide Wachstum der Fleischproduktion in den Industrieländern statt und im zweiten Abschnitt das Wachstum in den Entwicklungsländern. Die Alliierten des Zweiten Weltkrieges waren gewissermaßen die ersten Industrienationen, die sich einen günstigen Zugang zum Fleisch in den 50er Jahren verschaffen konnten. Der industrielle Wiederaufbau in den 60er Jahren ermöglichte den anderen Industriestaaten den Einstieg in den regelmäßigen Fleischkonsum. Das optische Wachstum des globalen Fleischkonsums war bis zu diesem Zeitpunkt nur auf weniger als 20% der Weltbevölkerung begrenzt. Die größeren Länder und Gebiete, wie VR China, Indien, Indonesien oder der asiatische Raum und der afrikanische Raum blieben außerhalb des Fleischkonsumanstiegs. Die Geschichte der bevölkerungsreichen Länder war mehrere Jahrzehnte hindurch von Hunger und Unterernährung überschattet. Dies geschah infolge des Mangels an Zerealien.

Während dieses Zeitraums von 1950 bis 1985 wuchs die Welt-Fleischproduktion, aufgeteilt auf alle Länder, durchschnittlich über 3% im Jahr. Das durchschnittliche Welt-Bevölkerungswachstum lag in dieser Zeitraum bei 1,5%. Das größte Bevölkerungswachstum hatte aber vorwiegend in den Entwicklungsländern stattgefunden. Das rasche Wachstum der Fleischproduktion lag an dem ununterbrochenen wirtschaftlichen Aufbau in den Industrieländern. Ab den 60er Jahren fand es in den ölproduzierenden Ländern statt und ab Ende der 70er Jahre in den neuen Schwellenländern Asiens.

Das rapide Wachstum der Fleischproduktion konnte mit der wachsenden Weltbevölkerung nicht direkt in Verbindung gebracht werden, sondern nur mit der Kaufkraft und den vorhandenen Produktionsvoraussetzungen, wie industrieller Hintergrund, ausreichende Nahrung pflanzlicher Herkunft, fruchtbares Ackerland und Weideland, Futtermittel, Absatzgarantie, wirtschaftspolitische Stabilität und stetig wachsende internationale wirtschaftliche Zusammenarbeit. Die Fortsetzung der GATT[I] Verhandlungen, internationale Abkommen, wie das Contonou-Abkommen[II], die schrittweise Einführung marktwirtschaftlicher Verhältnisse in der VR China und schließlich die ab 1995 im Bereich der Landwirtschaft unternommenen WTO-Verhandlungen gaben immer mehr Impulse zum globalen Anstieg an Fleischproduktion und Fleischkonsum. Der globale Produktionsanstieg an Fleisch deutet auf die Steigerung an Kaufkraft und Wohlstand der wachsenden Weltbevölkerung hin.

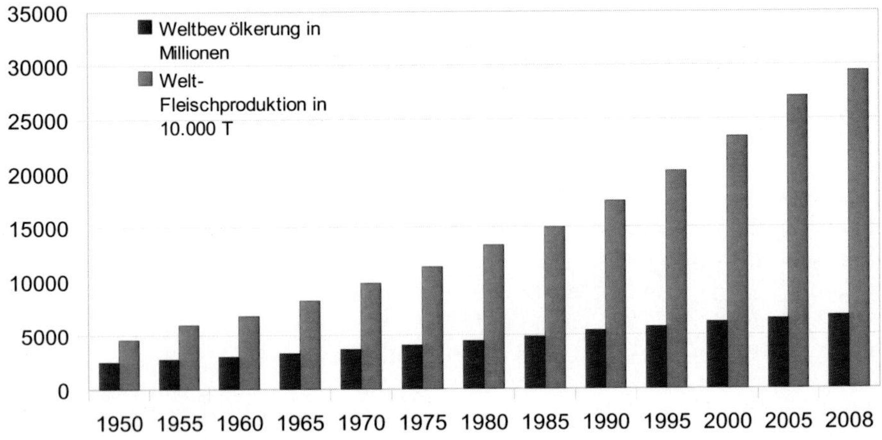

Abbildung 1: Welt-Fleischproduktion und Weltbevölkerungswachstum zwischen den Jahren 1950 und 2008 *Quelle: FAO*

[I]General Agreement on Tariffs and Trade wurde nach dem Zweiten Weltkrieg ins Leben gerufen. Die primären Ziele der GATT waren, die weltweiten Zollschranken abzubauen und eine global agierende Handelsorganisation (International Trade Organization ITO) zu gründen. Jedoch wurde der GATT von vielen Ländern nicht ratifiziert und lief als reines Abkommen weiter, das von 1947 bis 1994 durch eine Reihe von Abkommensrunden begleitet wurde. Schließlich assimilierte GATT, mit Ende der sogenannten Uruguay-Runde, mit der neu gegründeten Welt-Handelsorganisation WTO.

[II]Ein Handelsabkommen zwischen der Europäiischen Union und den afrikanischen, karibischen und pazifischen Staaten, die vorwiegend im bilateralen Handel mit Agrar- und Bergbauerzeugnissen einen günstigen Zoll einräumen.

Als 1950 die Weltbevölkerung bei 2,5 Milliarden lag, wurde durchschnittlich 18 kg Fleisch pro Kopf erzeugt. Das Bevölkerungswachstum zeigt kein Verhältnis zur rapide anwachsenden Fleischproduktion. Innerhalb von vier Jahrzehnten verdoppelt sich die Pro-Kopf-Fleischerzeugung, und der Wachstumstrend zeigt bisher weder eine Verbrauchsspitze noch einen Rückgang oder eine Stagnation. Der gegenwärtige Verbrauch von 45 kg Fleisch pro Kopf ist ein Weltdurchschnitt, wobei die Produktion sehr unterschiedlich ausfällt. Reiche Nationen mit höheren Pro-Kopf-BSP (Bruttosozialprodukt) produzieren und verbrauchen das Vielfache an Fleisch gegenüber Ländern mit einer niedrigeren Einkommensgrenze.

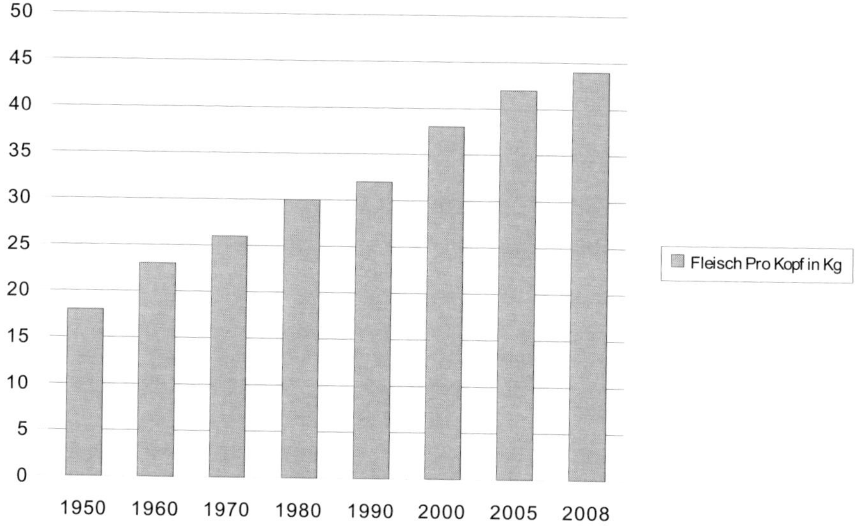

Abbildung 2: Pro Kopf Fleischproduktion der Weltbevölkerung zwischen 1950 und 2008
Quelle: FAO

Das rapide Wachstum der Fleischproduktion fand zuerst in den traditionellen Industrieländern wie in den USA, statt. Am Beispiel der USA kann an dieser Entwicklung festgestelt werden, in welchem Verhältnis dieses Wachstum stattgefunden hat. Länder wie die USA, mit der höchsten Menge an Fleischproduktion, befinden sich immer noch in der Wachstumsphase, um noch mehr Fleisch zu erzeugen. Die Tradition der Fleischproduktion fand parallel zur geschichtlichen Entwicklung des Landes statt. Mit dem Wachstum der Bevölkerung wuchs die Produktionsmenge, und die Modernisierung der Landwirtschaft trug ihren besonderen Beitrag dazu bei, um die Fleischproduktion aufrechtzuerhalten. Die vorhandene sozioökonomische Lage, der kulturelle Zugang zu den meisten Fleischsorten, die enormen Vorteile der landwirtschaftlichen Vielfalt boten den Nährboden für die Zucht der Wirtschaftstiere und zum anschließenden Konsum des Fleisches. Als in Europa Anfang der 30er Jahre des 20. Jahrhunderts Fleisch zu teuer und schwer erschwinglich wurde, gehörte es in den USA zur Grundnahrung, die alltäglich konsumiert wurde. Große Flachlandflächen, wie die ´Great Plains`, ermöglichten große Mengen an Getreideanbau, der wiederum als Kraftfutter für das schnelle Wachstum der Wirtschaftstiere diente. Die östlich der Rocky Mountains in Kanada bis in den Süden von Texas ausgedehnte über 1,3 Mill. km² goße Landfläche ermöglichte nicht nur den erfolgreichen Getreideanbau, sondern wurde auch als Weideland für die Viehzucht genutzt. Die Fleischproduktion wuchs schneller als die Bevölkerung, kennzeichnete einen wachsenden und hohen Lebensstandard, wurde als gesunde und nährstoffreiche Nahrung bezeichnet und wurde ein begleitendes unverzichtbares Bestandteil der Grundnahrung.

Im letzten halben Jahrhundert wuchs die Fleischproduktion in den USA bei einem durchschnittlichen Wachstum von 2,4%, und die Bevölkerung wuchs durchschnittlich um 1,1%. Die Fütterung der Wirtschaftstiere war direkt von der Maisproduktion abhängig, und diese ermöglichte durch eine rapide Produktionssteigerung das ständige Wachstum der Fleischproduktion. Der durchschnittliche Anteil an Mais als Futter lag bei über 87%, und der Rest wurde durch andere landwirtschaftliche Produkte und Nebenprodukte, wie Kleie 4%, Sorghum 3%, Ölsaat 2%, Weizen 2% und Gerste 1% etc. gedeckt.[31] Im Jahre 2005 wurden über 152 Millionen Tonnen Mais an die Wirtschaftstiere verfüttert, über 43 Millionen Tonnen Fleisch erzeugt und somit mehr als 3,5 kg Mais pro Kilogramm produziertem Fleisch verbraucht.[32]

Die Ernährungsgewohnheiten der Bevölkerung in den Vereinigten Staaten orientierten sich seit Beginn der Siedlungsgeschichte am Fleisch. Bis zu Beginn des Industriezeitalters konsumierten die Einwohner Wildfleisch und anschließend, ab Beginn des 20. Jahrhunderts, zunehmend Fleisch aus der landwirtschaftlichen Produktion. Eine Ausnahme bildete die Zeit der Rezession, genannt ´The Great Depression, zwischen den Jahren 1929 und 1941, verursacht durch einen Börsenkrach an der New Yorker Börse im Oktober 1929. Die Ursache dieses Börsenkrachs lag am rapiden Getreidepreisverfall. Der Getreidepreisverfall führte zur Überproduktion und zum Überangebot an Getreide, welches auch durch den zunehmenden Einsatz von Künstdünger, Trecker, Eisenbahn und anderen technischen Erneuerungen zustande kam. Als Ausweg wurde immer mehr Getreide an die Wirtschaftstiere verfüttert, was wiederum das Wachstum der Nahrungsmittel tierischer Herkunft verursachte. Fleisch wurde immer günstiger und der Verbrauch an Fleisch stieg immer weiter. Der Überproduktion an Getreide, die durch die Anwendung moderner Technik zustande kam, fand den direkten Einsatz bei der Fleischproduktion. Der Weg der USA in die Modernisierung wurde durch die Industrialisierung der Landwirtschaft ermöglicht. Es war sicherlich nicht allein der sogenannte ´New Deal`, mit einer Reihe von Wirtschafts- und Sozialreformen, der diesen Weg ermöglichte, so dass sich ab dem Jahre 1941, als die USA in den Zweiten Weltkrieg eintrat, das Land aus der Krise erholte. Die Fleischproduktion ist ein signifikanter Anteil dieser Entwicklung.

Die wichtigsten Fleischsorten

Theoretisch sind fast alle auf dem Land und im Wasser lebenden Tiere für Menschen als Nahrung vorstellbar. Der Konsum von verschiedenen Fleischsorten aus der Tierwelt ist gebiets- und kulturabhängig. Allerdings sind die wichtigsten Fleischsorten auf dem Weltmarkt Schwein, Hähnchen, Rind und Lamm. Hähnchen gehört zu der am meisten verwendeten Geflügelsorte und wurde deshalb als Geflügelfleisch eingeführt. Der Sammelbegriff Lamm beinhaltet auch Ziegenfleisch, das am meisten in den tropischen Ländern produziert wird. Mit den anderen Fleischsorten wie Kamele, Esel, Pferde, Jak, Ren, Lama, Alpaka, Hasen, Kaninchen, Krokodile und viele andere Geflügelsorten wie Enten, Gänse, Puten, Perlhühner, Strauß, Tauben etc. befasst sich diese Untersuchung wegen der geringfügigen Anzahl nicht. Um die Fleischvielfalt einzugrenzen, werden nur die wirtschaftlich bedeutendsten vier Fleischarten wie Schweinefleisch, Hühnerfleisch, Rindfleisch und Lammfleisch unter dem Gesamtbegriff Fleisch in dieser Untersuchung behandelt.

Die Weltproduktion der wichtigsten Fleischsorten für die Jahre 2004 und 2008

Quelle: FAO

Fleischsorte	**2004** in Mio. Tonnen	**2008** in Mio. Tonnen
Schweinefleisch	100	120
Hähnchenfleisch	69	75
Rindfleisch	60	62
Lammfleisch	13	14
Sonstige	20	26
Gesamtproduktion	262	297

Knapp 8% der Gesamtfleischproduktion kommt auf den Weltmarkt, und über 92% wird auf der nationalen Ebene gehandelt und konsumiert. Der Export und Import von Fleisch ist primär von der Transportlogistik abhängig, inklusive der ununterbrochenen Kühllagerung bzw. der bestehenden Kühlkette. Aus diesem Grunde besteht der Fleischwelthandel hauptsächlich aus dem entsprechenden Handel zwischen den Industriestaaten, als bilateraler Handel, und dem zwischen den Industrie- und den Entwicklungsländern, als unilateraler Handel. Außerdem ermöglichen die hohen Produktionskosten der Industriestaaten kaum Einsatzmöglichkeiten des Fleischweltmarktes in den Entwicklungsländern. Dagegen besitzen die günstigeren Fleischerzeugnisse einiger Fleischsorten der Entwicklungsländer einen besseren Zugang zu den Märkten der kaufkräftigen Nationen.

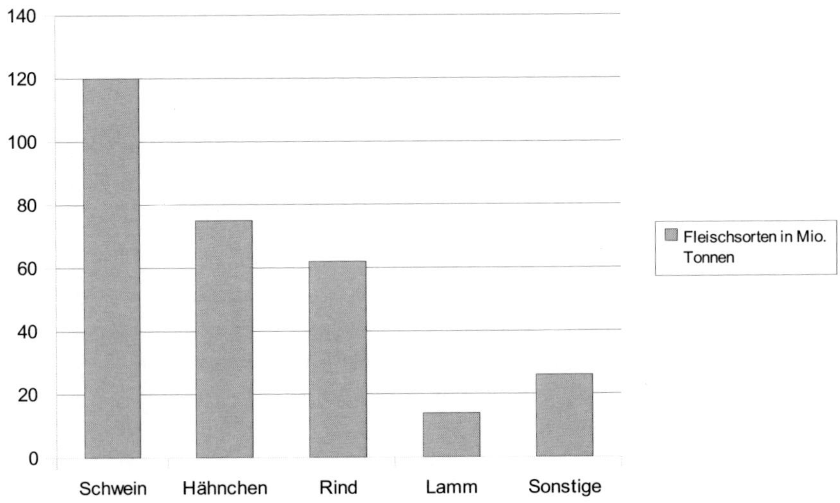

Abbildung 3: Anteile der wichtigsten Fleichsorten im Jahre 2008

Quelle: FAO

Schweinefleisch

Der größte Fleischlieferant auf der Erde ist das Schwein. Die Domestizierung der Schweine war zu Beginn allein in der Fleischlieferung begründet. Für andere Nutzungen, wie als Zugtier, Reittier oder für die Milchgewinnung, hat das Schwein keine Verwendung. Hingegen leistete es in der traditionellen Wirtschaft andere Dienste, wie im sanitären Bereich, im Ackerland wühlen oder in der Suche nach Wurzeln und Knollen, die für die Menschen nützlich waren. In den Siedlungen gab es kaum sanitäre Einrichtungen, und die Hausschweine hielten alles sauber, indem sie die biologischen Haushaltsabfälle als Allesfresser konsumierten. Immer noch leisten die Schweine zum Teil diese Dienste und zwar dort, wo die Entwicklung nicht stattgefunden hat. Andererseits werden in Ländern, wie Frankreich und Italien immer noch Schweine eingesetzt, um wertvolle Pilzgewächse wie Trüffel zu suchen. Dagegen liegt in der modernen Schweinezucht die Bedeutung des Schweins hauptsächlich in der Fleischlieferung.

Außer den harten Knochenteilen und den Borsten wird das gesamte Schwein als Nahrung konsumiert. Haut, Blut, Knorpel, Organe, Innereien, inklusive das Fleisch, alles findet als Nahrung Verwendung. In der Humanmedizin werden Schweineherzklappen als Ersatzherzklappen verwendet. Die Insulinstoffe für die diabetische Behandlung werden aus dem Schweinekörper gewonnen, und bei Verbrennungen wird auch Schweinehaut implantiert. Außerdem werden Produkte wie Gelatine, einige Klebstoffe, Kosmetik etc. aus dem Schweinekörper und aus Schlachtresten hergestellt. Insgesamt werden 40 medizinische Präparate aus dem Schwein gewonnen, die in unterschiedlichen Anwendungen eingesetzt werden.[33]

Die erheblichen Vorteile der Schweine als Fleischlieferung liegen in der kurzen Trächtigkeitsdauer, der großen Anzahl an Nachwuchs und im schnellen Wachstum. Die Trächtigkeitsdauer bei Schweinen liegt bei weniger als vier Monaten bzw. 114 Tagen, und es kommen jeweils mehrere Jungtiere zur Welt. Eine Sau bringt durchschnittlich pro Jahr 20 Ferkel zur Welt, und durch eine Dauerfütterung wächst dieser züchtungsleichte Allesfresser innerhalb von fünf bis sechs Monaten zu einem Körpergewicht von bis zu 130 kg heran. Als Allesfresser können diese Tiere mit einer Vielfalt an Futter gemästet werden. Kein anderes Wirtschaftstier liefert solch eine Menge an Fleisch in relativ kurzer Zeit. Die Nutzung von Schweineprodukten für Nichtnahrungszwecke, außer zur medizinischen Verwendung, hat kaum eine wirtschaftliche Bedeutung. Das Schweineleder gilt als günstiges Leder und besitzt einen geringen Marktwert und wird, ähnlich wie beim Schweinefleisch, nicht von allen Menschen verwendet. Allerdings ist das Schweineleder für die Herstellung von Lederhandschuhen und bestimmten Kleidungsstücken zum Teil nützlich.

Schweine werden fast in jedem Alter als Fleischtier verwendet. Neugeborene Ferkel, die 2 bis 6 Wochen alt sind, werden als sogenannte Milchschweine konsumiert. Das normale wirtschaftliche Schlachtalter liegt bei 5 bis 6 Monaten, und genau in diesem Alter werden die Tiere geschlechtsreif. Die für die Fortpflanzungszwecke verwendeten Schweine

werden zwischen dem 4. und 6. Lebensjahr geschlachtet. In der traditionellen Wirtschaft werden Schweine bis weit über 20 Jahre alt bzw. auch am Ende ihrer Lebenszeit geschlachtet.
Trotz einer Ablehnung des Schweinefleisches in vielen Ländern und Kulturkreisen, wächst dessen Produktion ständig an. Die entscheidenden Gründe dafür sind das schnelle Wachstum, Futtervorteile, leichte Pflege und vor allem die große Menge an Fleischproduktion. Von Nordafrika über Vorderasien bis in das südasiatische Gebiet wird sehr wenig bis gar kein Schweinefleisch produziert. In den sonstigen Gebieten, von Japan aus über Ostasien, Europa, Afrika südlich der Sahara, Nord- und Südamerika und Ozeanien, wird das Schweinefleisch als gewöhnliche Nahrung produziert und verzehrt.

Ausgewählte Länder mit einem bedeutenden Anteil an Schweinefleisch für das Jahr 2007

Länder	**Produktion** in Tonnen	**Import**	**Export**	**Verbrauch**
VR China	61.150.000	400.000	500.000	61.050.000
EU	21.861.079	--	1.200.000	20.661.079
USA	10.000.000	500.000	1.100.000	9.400.000
Brasilien	3.200.000	--	700.000	2.500.000
Viet Nam	2.500.000	--	--	2.500.000
Kanada	1.900.000	200.000	1.000.000	1.100.000
Russland	1.700.000	600.000	--	2.300.000
Philippinen	1.500.000	100.000	--	1.500.000
Japan	1.300.000	1.200.000	--	2.500.000
Welt	115.453.862	4.900.000	4.900.000	115.453.862

Quelle: FAO; Statistical Databases, Rome 2008

Die Produktion und der Konsum an Schweinefleisch wächst seit Beginn der zweiten Hälfte des 20. Jahrhunderts ununterbrochen an. Die größten Pro-Kopf-Verbraucherländer an Schweinefleisch sind nicht in erster Linie die Länder, die das meiste Schweinfleisch produzieren. Das liegt an den langjährigen Konsumverhältnissen von Schweinefleisch.

Länder und Gebiete mit einem hohen Pro-Kopf-Schweinefleischverbrauch für das Jahr 2006

Länder	**Pro-Kopf-Verbrauch** in kg/Jahr
Hongkong	72
EU	44
Taiwan	42
VR China	36
USA	31
Südkorea	28
Kanada	27
Australien	21
Japan	20
Welt	16

Quelle: FAO

Die EU und acht andere Länder produzieren zusammen über 90% des Welt-Schweinefleischbestandes. Allein die VR China produziert über die Hälfte der jährlichen Gesamt-Weltproduktion an Schweinefleisch. Als Einzelstaat steht die USA hinter der VR China als der zweitgrößte Schweinefleischproduzent der Welt. Ein bedeutender Anteil der Weltbevölkerung konsumiert kein Schweinefleisch, und dennoch ist es die mengenmäßig, mit größtem Abstand, meist produzierte Fleischsorte der Welt.

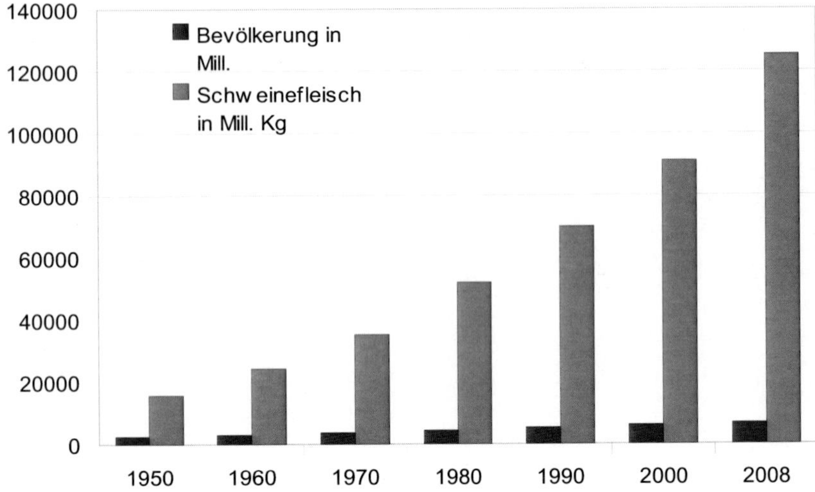

Abbildung 4: Welt-Bevölkerung und Schweinefleischproduktion 1950 bis 2008 *Quelle: FAO & DYB*

Die steile Entwicklung der Schweinfleischproduktion in den letzten drei Jahrzehnten fand zuerst in Westeuropa und Nordamerika statt. In den letzten 20 Jahren leistete die VR China ihren Beitrag dazu, die Schweinezucht zu erweitern. Die VR China und die USA stellen, als Beispiel für die weltweite Schweinefleischproduktion, unterschiedliche Bilder dar. Die Entwicklung in den USA ist vom marktwirtschaftlichen Ursprung geprägt, die VR China dagegen durch ihren planwirtschaftlichen Hintergrund. In den beiden Ländern wuchs die Produktion und der Konsum an Schweinefleisch in den letzten 50 Jahren im inkomparablen Verhältnis an.

USA

Die geschichtliche Entwicklung der Schweinezucht in den USA ist nachvollziehbar. Da die Schweine keine amerikanische Herkunft haben, kann deren Einfuhr und Erweiterung teilweise zurückverfolgt werden. Laut Angaben haben im Jahre 1539 europäische Eroberer 13 Schweine nach Florida mitgebracht. Drei Jahre später vermehrte sich diese Zahl bis auf 700 .[34] Viele Schweine aus dieser ersten Schweinezucht konnten entkommen und bildeten später den Wildschweinbestand des nordamerikanischen Kontinents. Aufgrund des einfachen Zugangs zum Fleischvorrat wurden die Schweine in die neuen Siedlungen und auch in die Gebiete der Goldsucher mitgenommen. So hatten zum Beispiel die Goldsucher der Jamestown Kolonie im Jahre 1607 Säue mitgenommen.[35] Innerhalb von 100 Jahren verbreitete sich die Schweinepopulation an der Ostküste so sehr, dass die Siedler von New York unter den Randalen der halbwilden Schweine leiden mussten.[I] Bis zur Wende des 18. Jahrhunderts verbreitete sich die Schweinezucht in den gesamten Siedlungen der Ostküste. Der Erfolg der Schweinezucht an der Ostküste animierte die Siedler, die westwärts zogen, Schweine als unverzichtbare Utensilien mitzunehmen.

Bis zu Beginn des 19. Jahrhunderts wurde die Schweinezucht in den ganzen besiedelten Teilen der USA verbreitet. Um die neue städtische Bevölkerung mit dem Schweinefleisch zu versorgen, wurden organisierte Schweinetransporte unternommen, und gleichzeitig kamen größere Schlachthöfe zustande. Zuerst wurden die Schweineherden zu Fuß, später anhand der neu angelegten Eisenbahnnetze regelmäßig zu den Städten transportiert. Im Laufe der Zeit ermöglichten die landesweit verbreiteten Eisenbahnnetze dort Schweinezuchtstellen anzusiedeln, wo Futtervorräte vorhanden waren. Aus diesem Grund konzentrierten sich die meisten Schweinezuchtfarmen auf die Kornkammergebiete des Nordwestens. Provinzen, wie Iowa, North Carolina, Illinois, Minnesota, Nebraska, Indiana, Kansas, Oklahoma, Ohio und Missouri, die als das sogenannte Corn-Belt (Getreidegürtel) bezeichnet wurden, wurden in der späteren Zeit zu Hog-Belt (Schweinegürtel) umbenannt.[36]

Die Schweinezuchtbetriebe waren klein und wurden neben dem Getreideanbau praktiziert. Im Jahre 1950 existierten über 3 Millionen Schweinezuchtbetriebe, die kleinere Anzahlen von Schweinen zum Markt lieferten. Auch heute noch gelten 98% der US-amerikanischen landwirtschaftlichen Betriebe als Familienbetriebe, die über 85% der Erzeugnisse liefern.[37] Mittlerweile gibt es nur noch 67.000 moderne Schweinezüchter, die sich auf die industrielle Züchtung umgestellt haben. Sie kaufen das Futtermittel und liefern regelmäßig eine große Anzahl an Schlachtschweinen ab. 53% dieser Betriebe gelten als Großbetriebe, die jährlich jeweils über 5.000 Schweine liefern. Zur Zeit sind über 500.000 Menschen in den USA direkt oder indirekt mit der Schweinezucht beschäftigt.[38]

Das Futter in der US-amerkanischen Schweinezucht macht über 65% der gesamten Ausgaben aus. Das Futter besteht hauptsächlich aus Mais und

---

[I] Um die herum laufenden Schweineherden aufzuhalten, wurde auf der Nordseite der Manhattan Insel eine Mauer gebaut. Entlang dieser Mauer entstand eine Straße, die als Mauerstraße bzw. Wallstreet bekannt wurde (National Pork Board, The Pork Idustry at a Glance – Pork Story, S. 1, Des Moins, Iowa 2007).

Sojamehl. Die zusätzlich verwendeten Futtermittel bestehen aus Gerste, Sorghum, Hafer, Fischmehl und anderen fetthaltigen Produkten. Im Jahre 2004 benutzte die US-Schweinezucht 1,08 Milliarden Bushel[I] Mais und 265 Millionen Bushel Soja.[39]
Die organisierte Züchtung, die moderne Veterinärmedizin, der große Futtermittelanbau auf nationaler Ebene, die gut ausgebaute Verkehrsinfrastruktur und die landwirtschaftlichen Subventionen machten die USA zum größten modernen Schweinefleischproduzenten der Welt. Zuerst fanden Exporte nur in die Nachbarländer wie Kanada im Norden und Mexiko im Süden statt. Mittlerweile ist die USA der größte Schweinefleischexporteur der Welt, und die wichtigsten Exportmärkte sind Japan, Mexiko, Kanada, Südkorea, VR China und Russland.
Der Pro-Kopf-Verbrauch an Schweinefleisch lag in den Jahren 1950 bis 1980 bei 30 kg im Jahr. Ab den 80er Jahren bis zu Beginn der 90er Jahre ging der Verbrauch um etwa 10% zurück. Das lag an den verbreiteten Informationen über das sogenannte Rotfleisch, welches höhere Anteile an Myoglobin[II] beinhaltet. Daraufhin ging der Konsum an Schweinefleisch als Rotfleisch zum Teil zurück. Später, ab 1987, hatte der amerikanische Schweinefleischverband National Pork Board das Schweinefleisch als Weißfleisch umbenannt bzw. das Schweinefleisch als Fleisch mit sehr geringen Myoglobininhalt propagiert. Der Verbraucher reagierte darauf, und so stieg der Verbrauch an Schweinefleisch wieder über die Grenze von über 30 kg pro Kopf im Jahr an.
Die durchschnittliche Wachstumsrate der Schweinefleischproduktion lag in den letzten 10 Jahren bei 2,5%. In der Gegenwart liegt diese bei über 3%. Günstigere Maisproduktion, zunehmender Sojaanbau und die Liberalisierung der Importbestimmungen durch den Globalisierungsprozess in die Einfuhrländer, ermöglicht das rapide Wachstum der Schweinefleischproduktion in den USA. Anhand des gegewärtigen Wachstums wird in den nächsten 10 Jahren die Produktion voraussichtlich von gegenwärtig 10 Millionen Tonnen bis auf 13,5 Millionen Tonnen anwachsen. Der Binnenmarktverbrauch wird dagegen langsam anwachsen und bleibt vermutlich in den nächsten 10 Jahren unter der 35 kg Grenze pro Kopf im Jahr. Damit wird das zukünftige Wachstum der Schweinefleischproduktion in den USA vorwiegend von der Nachfrage des Weltmarktes abhängig sein. Andererseits existiert keine vergleichbare

---

[I] US-amerikanische Maßeinheit in korbähnlicher Form. 1Bushel Mais= 25,401 kg, Weizen= 27,215 kg

[II] Myoglobine sind eisenhaltige Proteine. Höhere Myoglobinkonzentrationen im Blut führen zu Krankheiten, wie Herzinfarkt, Nierenversagen, Skelettmuskelerkrankungen etc. Die Myoglobinvorkommen befinden sich im Herzen und im Bereich der Skelettmuskeln und ist auf Säugetiere beschränkt. Dort liegt es in hohen Konzentrationen von ca. 100 µmol/l vor und gibt dem Muskelfleisch die rote Farbe.

Konkurrenz, um den ständig wachsenden Bedarf an Schweinfleisch auf dem Weltmarkt zu liefern.
Die Liberalisierung des Welt-Agrarhandels wurde als Brennpunktthema auf der Ministerkonferenz der Welthandelsorganisation behandelt. Das marktorientierte Handelssystem soll durch die Programme der fundamentalen Reformen durchgesetzt und die Hindernisse des Welt-Agrarhandels dabei abgebaut werden.[40] Ein freier Agrarhandel ermöglicht die grenzenlose Produktion an Agrarerzeugnissen, die den potentiellen Absatzmärkten beigesteuert werden können. So wurde zum Beispiel im Juni 2007 ein Agrarhandelsdeal für Schweinefleisch zwischen den USA und Südkorea unterschrieben. Anhand dieses Abkommens wurden die bisherigen 27%igen US-Anteile an Südkoreas Schweinefleischimporten verdoppelt. Bis dahin hatte Südkorea einen Einfuhrzoll von 30% auf US-amerikanisches Schweinefleisch erhoben, der nun völlig aufgehoben wurde. Dadurch wird Südkorea 5% des US-amerkanischen Schweinefleisches konsumieren, und es werden gleichzeitig die Preise in den USA um 10 Dollar pro Schwein ansteigen.[41] Im Jahre 2005 waren in Südkorea die Produktionskosten des Schweinefleisches über 60% höher als in den USA. So beliefen sich in den USA die Produktionskosten pro Tonne Schweinefleisch auf US$ 1544 und in Südkorea auf US$ 2159.[42] Durch die erhöhte Einfuhr und die günstigeren Preise, durch den Abbau des Einfuhrzolls, wird der Pro-Kopf-Verbrauch an Schweinefleisch in Südkorea von gegenwärtig 28 kg auf 30,5 kg steigen. Trotzdem wird der Verbrauchsbedarf, um noch mehr Schweinefleisch zu konsumieren, immer noch nicht gesättigt sein.
Die wichtigsten Voraussetzungen für die Schweinefleischproduktion in den USA sind erfüllt, und theoretisch besteht die Möglichkeit, die gegenwärtige Produktion an Schweinefleisch, je nach Bedarf, innerhalb weniger Jahre um das Mehrfache zu erhöhen.

VR China

Im Vergleich zu den USA praktiziert die VR China eine ganz andere bzw. sehr traditionelle Art der Schweinezucht. Bis zum Beginn der Kulturrevolution, im Jahre 1949, wurde die Schweinezucht nur auf kleinbäuerlicher Ebene praktiziert. Auch in den 60er und 70er Jahren blieb die Schweinezucht weitgehend auf kleinere Zuchtbereiche beschränkt. Durch die schrittweise eingeleiteten wirtschaftlichen Reformen, ab den 80er Jahren, stieg die Produktion an Schweinefleisch ununterbrochen an.

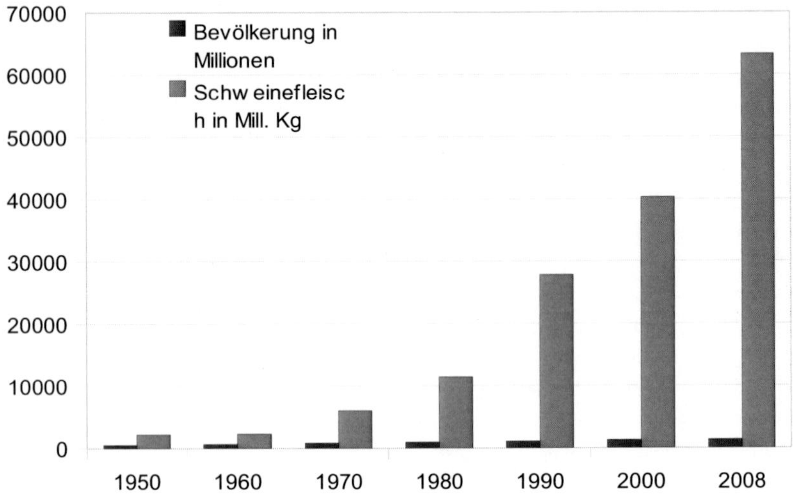

Abbildung 5: Bevölkerungsentwicklung und Schweinefleischproduktion in der VR China zwischen den Jahren 1950 und 2008 *Quelle: FAO & DYB*

Der Pro-Kopf-Verbrauch lag im Jahre 1950 bei weniger als 4 kg im Jahr und blieb in den 60er Jahren unverändert. Ab den 80er Jahren stieg die Produktion rapide an. Die Ursache lag primär an den Wirtschaftsreformen. Dadurch wuchs die Schweinezucht aus den kleinbäuerlichen Verhältnissen zu großen Zuchtfarmen an. Die Schweinezucht in VR China befindet sich bis zur Gegenwart in kleinbäuerlichen Verhältnissen, wo ab einem einzigen Schwein gezüchtet wird, aber auch in sehr großen Zuchtfarmen.[43] Laut einer Studie aus dem Jahre 1999 gab es in der VR China ca. 500.000 Schweinezuchtfarmen mit einer Herdengröße von 50 und mehr Schweinen. Davon besaßen 635 Zuchtfarmen 10.000 bis 49.999 Schweine und 6 Farmen mehr als 50.000 Schweine.[44] In der gegenwärtigen Zuchtsituation besitzen über 38% der Zuchtfarmen eine Kapazität von 50 Schweinen.[45]
Die meisten chinesischen Schweinezuchtbetriebe befinden sich in der Zentralregion des Landes, wo die Futterbedingungen günstig sind. Das größte Problem der chinesischen Schweinezucht bestand im Futtermangel. Aus diesem Grund war die Schweinefleischproduktion trotz vorhandener großer Schweinepopulation sehr gering. Gleichzeitig verursachte Schweinefutter den größten Futterverbrauch, d.h. im Jahre 1995 wurden 42% des gesamten Futterbedarfs des Landes für Schweinefutter verbraucht. Die Lage der Schweinefutterversorgung verbesserte sich

langsam, und das durchschnittliche Gewicht eines Schlachtschweins stieg von 57 kg im Jahre 1980 auf 76 kg im Jahre 1995 an.[46]
Im Verhältnis zur wachsenden Kaufkraft wird die Schweinefleischproduktion jährlich um 5% anwachsen. Dieses Wachstum ist vorwiegend von der Bedarfsdeckung des Binnenmarktes abhängig. Die geschätzte Schweinefleischproduktion für das Jahr 2008 liegt bei 64 Millionen Tonnen. Die Produktion wird voraussichtlich bis zum Jahre 2017 auf über 90 Millionen Tonnen ansteigen. Chinas Bevölkerung wird dagegen langsam bzw. um etwa 1,1% wachsen und wird wahrscheinlich eine Bevölkerungsgröße von 1,55 Milliarden Menschen erreichen. Die Pro-Kopf-Produktion an Schweinefleisch wird bei 58 kg im Jahr liegen, und diese Zahl wird immer noch unterhalb des Pro-Kopf-Verbrauchs von Hongkong liegen. Hongkong, als chinesische Metropole mit hoher Kaufkraft, konsumiert 72 kg Pro-Kopf-Schweinefleisch im Jahr. Wenn diese Zahl auf die gesamte Bevölkerung der VR China übertragen werden würde, müsste die gegenwärtige Produktion an Schweinefleisch verdoppelt werden.

Die Zukunft des Schweinefleischweltmarktes

Der zukünftige Exportmarkt des chinesischen Schweinfleisches ist mit erheblichen Vor- und Nachteilen verbunden. Die Nachteile sind der Mangel an Futtermitteln aus einheimischer Produktion. Alle Getreidesorten und Leguminosen, die als Schweinefutter geeignet sind, sind Mangelware. Die VR China produziert pro Kopf im Jahr immer noch weniger als 350 kg Getreide in Form von Reis, Mais, Weizen und anderen Zerealien. Die Pro-Kopf-Jahresproduktion von Leguminosen wie Soja liegt bei weniger als 17 kg, obwohl Soja in erster Linie als das Lebensmittel gilt, das in verschiedenen Formen in der chinesischen Esskultur verwendet wird. Deshalb ist die industrielle Herstellung von Schweinefutter in China zunehmend vom Import von Futterrohstoffen abhängig.
Auf dem Energiesektor leidet China einen erheblichen Mangel. Stromenergie für die großen Betriebe während der Züchtung und für die ununterbrochene Lagerungskühlkette des Fleisches ist nicht ausreichend vorhanden. Die Infrastruktur ist nicht ausreichend vorhanden, um das Fleisch aus den Produktionsstätten mit einer ununterbrochenen Kühlkette zu den Exporthäfen zu transportieren.
Eine großes Hindernis liegt in der Opazität der chinesischen Produktinformation. Die Produktvorgänge eines Erzeugnisses sind nicht transparent, und so ist ein Durchblick unmöglich. Veraltete statistische Angaben, Undurchsichtigkeit und der Mangel an Vielfältigkeit sind die maßgebenden Hindernisse für den Marktzugang vieler landwirtschaftlicher Erzeugnisse. Die Fütterung der Zuchtschweine in der VR China ist nicht transparent, und allein aus diesem Grund ist der Export des chinesischen

Schweinfleisches in die Industieländer mit erheblichen Schwierigkeiten verbunden.

Gegen alle diese Nachteile spricht ein entscheidender Vorteil für das chinesische Schweinefleisch auf dem Weltmarkt, nämlich die niedrigen Produktionskosten. Die Preise des chinesischen Schweinefleisches sind im Vergleich zu allen anderen bedeutenden Exportländern wie den USA und den Ländern der Europäischen Union am niedrigsten, und allein aus diesem Grund kann sich das chinesische Schweinefleisch auf dem Weltmarkt durchsetzen.

Ausgewählte Länder und deren Produktionskosten von Schweinefleisch im Jahre 2006

Länder	**Pro Tonne Schweinefleisch** in US$
Japan	3768
Südkorea	2316
BR Deutschland	1718
Frankreich	1644
USA	1544
Australien	1842
VR China	1486
Brasilien	943

Quelle: FAO

Die Produktionskosten in Japan sind die mit größtem Abstand höchsten der Welt. Das liegt an den hohen Lohnkosten und an der Importabhängigkeit an Schweinefutter. Trotz zum Teil vorhandener Futtermittel liegen die hohen Produktionskosten in Südkorea und in den Ländern der Europäischen Union ebenfalls an den hohen Lohnkosten. Die Futtermittel in Australien und den USA sind aus einheimischer Produktion, und deshalb sind, trotz hoher Lohnkosten, die Produktionskosten die niedrigsten aller Industrieländer. Brasilien verfügt über große Mengen an Soja und anderen Futtermitteln pflanzlicher Herkunft, und kombiniert mit dem billigsten Arbeitslohn, produziert Brasilien das günstigste Schweinefleisch von allen ausgewählten Ländern. Die Ursachen der Wettbewerbsschwierigkeiten auf dem Weltmarkt sind der Mangel an Infrastruktur, Futter und an Energieversorgung.

Der gegenwärtige internationale Handel mit Schweinefleisch ist hauptsächlich vom japanischen Importmarkt beeinflusst. So fiel zum

Beispiel, wegen des hohen Lagerbestandes von Schweinefleisch in Japan, der Export auf dem Weltmarkt im Jahre 2006 um 16% im Vergleich zum Jahre 2005 zurück. Japan importiert über 30% des US-Schweinefleischexportes. Neben Japan sind die Nachbarländer Mexiko und Kanada, jeweils mit 18% und 10%, die Hauptimporteure des US-amerikanischen Schweinefleisches. Neuerlich entwickelt sich Südkorea zu einem bedeutenden Importeur des US-Schweinefleisches, und damit ist Japan vom Platz eins verdrängt worden. Die USA wird den Schweinefleischexport von 16% im Jahre 2003 auf 25% im Jahre 2007 steigern.[47]

Eine langfristige Konkurrenz zwischen der VR China und den USA auf den japanischen und südkoreanischen Schweinefleischmärkten ist in Sicht. Die Hauptakteure des Schweinefleischexports sind in den kommenden Jahren die USA und die VR China. Die Exportmärkte sind Ostasien, die Europäische Union sowie die amerikanischen Kontinente. Aufgrund des schnellen Wachstums und der kostengünstigen Produktion wird das Schweinefleisch weiterhin als Fleisch für den Massenverbrauch und auch als Industriefleisch für die Nicht-Nahrungsmittelzwecknutzung benutzt. Wegen der hohen und zunehmenden Produktion an Mais und Soja werden die südamerikanischen Staaten wie Brasilien und Argentinien ihre Schweinezucht erweitern und gleichzeitig ihre Produktion auf den Weltmarkt richten. Die Zukunft der Schweinefleischprodukton wird vorwiegend von zwei bedeutenden Faktoren abhängig sein, nämlich von günstigen Futtermitteln und von den staatlichen Subventionen. Ein Rückgang der Produktion ist möglich, wenn Krankheiten wie die Schweinepest in kürzeren Sequenzen auftauchen würden.

Hähnchen

Nach dem Schweinefleisch kommt das Geflügelfleisch mengenmäßig an die zweite Stelle, aber von der Bedeutung her steht das Geflügelfleisch ganz vorne im weltweiten Fleischverbrauch. In diesem Zusammenhang bedeutet Geflügelfleisch primär Hühnerfleisch, das überall auf der Welt konsumiert wird.

Das Huhn ist das weltweit verbreitetste Haustier, das mittlerweile auch als Industrietier bezeichnet werden kann, da das Tier industriegemäß gehalten wird, um die industrielle Fleischproduktion zu praktizieren. Mit entsprechendem Futtereinsatz erreicht das Tier innerhalb von 4 bis 6 Wochen ein Körpergewicht von über einem Kilo. Neben dem Fleisch gehören die Hühner zu den wichtigsten Eierlieferanten. Trotz der regelmäßig auftretenden Vogelgrippe wurde der Konsum und das

Wachstum an Hühnerfleisch kaum reduziert. Die weite Verbreitung und die verbreitete Nutzung des Hühnerfleisches liegt primär am kulturellen Hintergrund, gefolgt von der Wirtschaftlichkeit. Der Verzehr von Hühnerfleisch ist bei den meisten Glaubensgemeinschaften[1] zugelassen, und die Hühnerhaltung kann theoretisch in fast jedem Haushalt praktiziert werden. In der traditionellen Wirtschaft werden die Hühner mit Essensresten und Resten der landwirtschaftlichen Erzeugnisse gefüttert. Gleichzeitig suchen die Tiere Futter im Freien nahe des Hofes. Hier belaufen sich die Haltungskosten praktisch auf null und die Hühner liefern regelmäßig Eier, Fleisch und sorgen für Nachwuchs. Diese Art extensive Hühnerhaltung ist eine nebenwirtschaftliche Einrichtung, die fast in allen Subsistenzwirtschaften zu finden ist.

In der intensiven Hühnerhaltung steht das Futter im Vordergrund und schließlich die damit verbundenen technischen und medizinischen Einrichtungen. Die intensive Hühnerhaltung, ab der zweiten Hälfte des 20. Jahrhunderts, hat das Bild der Hühnerfleischproduktion zu einem völlig unbekannten produktionsorientierten Zustand gebracht. Das Ziel der traditionellen Hühnerhaltung lag primär in der Eierproduktion. Vorwiegend wurden die männlichen Tiere ab einem bestimmten Alter für Fleischzwecke geschlachtet. In der intensiven Hühnerhaltung werden die Legehennen und die Fleischhühner völlig getrennt gezüchtet. Hier haben die männlichen Tiere, die 50% der geschlüpften Küken ausmachen, keine Chance irgendein Lebensalter zu erreichen. Die männlichen Tiere wurden in jedem Alter als unwirtschaftlich bezeichnet und aus diesem Grund sofort nach dem Schlüpfen eliminiert. Eine Ausnahme bilden die Hähne für die Zwecke der Fortpflanzung.

Die nur in den Industrieländern praktizierte intensive Hühnerhaltung verbreitete sich allmählich fast überall auf der Welt, weil die Produktion wirtschaftlicher ist als die traditionelle. Bis in die 60er Jahre war Hühnerfleisch eine teure Fleischsorte und selten im Jahr konnte man sich diese leisten. Mittlerweile gehört das Hähnchenfleisch zu den günstigsten Fleischsorten, und auch mit einem geringen Einkommen ist dieses Produkt erschwinglich geworden.

---

[1] Außer einigen Glaubengemeinschaften, wie Jainismus und vielen unterschiedlichen Anhängern des Hinduismus, wo der Konsum von Fleisch absolut verboten ist.

Ausgewählte Länder mit bedeutendem Anteil an Hühnerfleisch:

Produktion von Hühnerfleisch für das Jahr 2008 in Millionen Tonnen

Länder	**Produktion**	**Import**	**Export**	**Verbrauch pro Kopf** in kg
USA	16,70	0,100	2,80	53
VR China	11,00	1,000	0,70	8
EU	8,50	0,500	0,70	20
Brasilien	8,70	--	2,80	35
Welt	75	8,000	8,00	11,5

Quelle: FAO

Die USA ist der größte Produzent und Konsument von Hühnerfleisch. Über 53 kg Hühnerfleisch werden hier pro Kopf im Jahr konsumiert. Gleichzeitig sind die Produktionskosten an Hühnerfleisch in den USA die niedrigsten der Welt. Der zweitgrößte Produzent, VR China, hat 8 kg Hühnerfleisch pro Kopf im Jahr zur Verfügung, was bedeutet, dass der VR China weniger Hühnerfleisch pro Kopf im Jahr zur Verfügung steht wie dem Welt-Durchschnitt. Hier ist der Wachstumsbedarf sehr groß. Schätzungsweise wird sich die Hühnerzüchtung und Hühnerfleischproduktion in den nächsten 15 Jahren weltweit verdoppeln. Das ständige Wachstum an Hühnerfleisch hatte einen Rückschlag erlitten, als im Jahre 2003 die sogenannte Vogelgrippe mit der menschlichen Gesundheit in Verbindung gebracht wurde. Bis zum Jahre 2005 ging die Produktion deshalb um 20% zurück. Die Krankheit hatte, inklusive Europa, Afrika und Asien, insgesamt über 40 Länder getroffen.

In der traditionellen Wirtschaft braucht ein Huhn das 3 bis 5fache mehr an Zeit, um ein vergleichbares Körpergewicht zu erreichen, wie in der modernen Zucht mit ständigem Futtereinsatz. Die Einfrierungsmöglichkeiten bieten enorme Vorteile für den Transport und die Lagerung von Hühnerfleisch. Die Lagerungsmöglichkeiten ermöglichen, eine Produktion fortzuführen bzw. zu erhöhen, ohne im besonderen Maße auf den Marktpreis zu achten. Schließlich wird das Hühnerfleisch als das sogenannte Weißfleisch angesehen, das im Vergleich zum Rotfleisch einen niedrigen Cholesteringehalt beinhaltet.[1] Die weltweite Steigerung des Hühnerfleischkonsums liegt jedoch primär an der Wirtschaftlichkeit. Das

[1] Cholesterin ist eine zum Fett gehörende Verbindung, die in allen Zellen der Wirbeltiere, inklusive dem Menschen, vorhanden sind. Langfristige cholesterinreiche Ernährung kann zur Erhöhung des Cholesterinspiegels führen, was wiederum zu Arteriosklerose führen kann.

Hühnerfleisch ist billiger als alle anderen Fleischsorten der modernen Tierzucht. Allein aus diesem Grund wird weltweit von allen Schichten der Gesellschaft Hühnerfleisch konsumiert, und damit steigt die Produktion ständig an. Mittlerweile ist es ein Bestandteil von vielen Esskulturen geworden, und der Einsatz dieser Fleischsorte ist in verschiedenen Essenszubereitungen weit verbreitet vorzufinden.
Wegen der günstigen Produktion wird Hühnerfleisch, das teuerste Fleisch aus der Vergangenheit, auch als Tierfutter, wie Hunde- und Katzenfutter, verarbeitet. Es ist nur eine Frage der Umwandlungskosten von pflanzlichen Proteinen, durch die Aufnahme eines Tieres umgewandelt zu tierischen Proteinen. Aus diesem Grund ist diese Fleischsorte als Tierfutter vorstellbar. Die Inhaltsangaben des Hunde- und Katzenfutters weisen darauf hin, dass ein bedeutender Anteil an Hühnerfleisch in verschiedenen Versionen in bestimmtem Tierfutter vorhanden ist. Eine 15 kg Tüte Hundefutter wie ´Puppy Chicken` beinhaltet über 5 kg Hühnerfleisch, und Katzenfutter verschiedener Sorten besitzt ebenfalls ähnliche Anteile an Hühnerfleisch.[48]

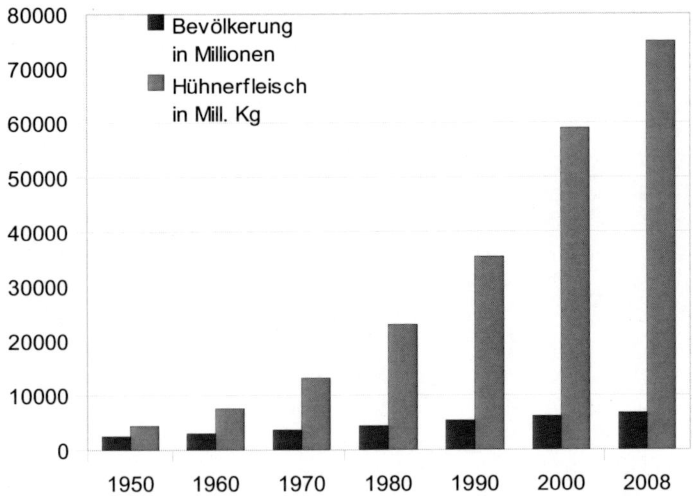

Abbildung 6: Weltbevölkerung und Hühnerfleischproduktion zwischen den Jahren 1950 bis 2008 *Quelle. FAO & DYB*

Das rapide Wachstum der Hühnerfleischproduktion in den letzten 30 Jahren kann nur auf die industrielle Hühnerhaltung zurückgeführt werden.

Gleichzeitig liegt primär die steigende Produktion und der Verbrauch in den Industrienationen. Die schrittweise Erweiterung der modernen Hühnerzucht in den neuen industrialisierten Ländern wird in den kommenden Jahren die Gesamtproduktion noch weiter nach oben treiben.
Die Hühner stellen die größte Vogelanzahl der Welt dar. Ein Beispiel: Im Jahre 2008 lag die Welt-Hühnerfleischproduktion bei 75 Milliarden Kilogramm. Wenn durchschnittlich ein Huhn 1,5 kg wiegen würde, wären im Jahre 2008 weltweit 50 Milliarden Hühner geschlachtet worden.
Hühner werden in jedem Alter als Fleisch verwendet. Von Eintagsküken[I] über Hühner im Alter von über 8 Jahren werden sie für verschiedene Speisen zubereitet. In der industriellen Hühnerhaltung liegt das Alter der Schlachthühner jedoch zwischen 4 und 7 Wochen. Die Legehennen werden, nach einem Rückgang der Eierproduktion, u.a. zu Suppenfleisch verarbeitet.
Die Hühnerzuchtbetriebe sind überall auf der weltbesiedelten Fläche verbreitet. Von sehr kleinen bis zu sehr großen Hühnerzuchtfarmen sind diese Zuchtbetriebe mit Eiern und Fleisch ununterbrochen im Einsatz. Diese Entwicklung wurde schon Anfang des 20. Jahrhunderts in den USA bemerkbar. Deshalb wurde die Hühnerzuchtindustrie als die größte Industrie der Welt bezeichnet.[49] In der Tat ist das Hühnerfleisch die mit größerem Abstand zu anderen Fleischsorten verbreitetste Fleischsorte der Welt, und die Hühnereier sind ebenfalls das verbreitetste Nahrungsmittel tierischer Herkunft. Selbst die Milch ist in dieser Hinsicht mit den Hühnereiern nicht konkurrenzfähig, weil ein Großteil der Bevölkerung in Ostasien besonders in China, Laktose-intolerant ist und an Milchproteinunverträglichkeit leidet. Hühnereier dagegen werden auch oft von Ovo-lakto-Vegetariern konsumiert.

USA

Die Vereinigten Staaten sind die größten Hühnerfleischproduzenten der Welt. Die Produktion in den modernen Massenproduktionsbetrieben, unterstützt durch die Futtermittelproduktion, stieg in den letzten 50 Jahren im überproportionalen Verhältnis zu deren Bevölkerung an. Bis in die frühen 50er Jahre wurde die Hühnerhaltung in bäuerlichen Verhältnissen praktiziert. Ursprünglich war das wichtigste Produkt das Ei, und im Frühjahr gab es, als Nebenprodukt, männliche Hühner und dazwischen von der Eierproduktion ausgesetzte Hühner. In der gesamten ersten Hälfte des 20. Jahrhunderts waren die Hühnerbetriebe in den USA nur an der

---

[I]Eintagsküken sind die frisch geschlüpften männlichen Küken, die vorwiegend in den asiatischen Ländern, wegen dem sogenannten Produktionsüberschuss, als Delikatesse am Spieß gegrillt werden . In der intensiven Hühnerzucht werden die männlichen Küken als unwirtschaftlich bezeichnet und nach dem Schlüpfen sofort getötet.

Eierproduktion orientiert. Die Gewinne und Verluste dieser Branche wurden hauptsächlich durch die Einnahmen des Eierverkaufs berechnet.
Die zunehmende städtische Bevölkerung, die ständig verbesserte Verkehrsinfrastruktur, das erweiterte Wissen über die Hühnerzucht und zusätzlich die zunehmende Kaufkraft ermöglichten eine ununterbrochene Steigerung der Eierproduktion. Bis zum Anfang der 50er Jahre waren die Märkte in den Städten von einer Art Überangebot an Hühnereiern betroffen. Als Resultat fielen die Eierpreise drastisch. Der Preisverfall für Eier ermöglichte der Bevölkerung nicht nur den günstigen Zugang zu mehr Eierkonsum, sondern es resultierte daraus eine neue Ära des Hühnerfleischkonsums. In dieser Depression gaben die meisten Kleinzüchter ihren Beruf auf und verkauften die Hühner als Fleischtiere, was wiederum ein vorübergehendes Überangebot verursachte und einen daraus resutlierenden Preisverfall des Hühnerfleisches. Der Verbraucher konsumierte nie zuvor so viel Hühnerfleisch. Es entwickelten sich allmählich, im Hintergrund, große Hühnerfarmbetriebe, die sich genau am Verbraucher orientierten. Die großen Betriebe trennten sich von der Produktionsauswahl und konzentierten sich entweder auf die Fleisch- oder auf die Eierproduktion. Die Bevölkerung war inzwischen daran gewöhnt, zwei Hühnerprodukte regelmäßig zu verbrauchen. Eier und Hühnerfleisch wurden zu Beginn der 60er Jahre zu unverzichtbaren bzw. gewöhnlichen Lebensmitteln der Bevölkerung.
Vor dem Zweiten Weltkrieg kam die Eierlieferung aus kleineren Betrieben, die weniger als 400 Legehennen besaßen. In der Gegenwart besitzen die Eierproduktionsbetriebe über eine Million Legehennen und jede der über 235 Millionen Legehennen produziert jährlich zwischen 250 und 300 Eier.[50] In den USA werden durchschnittlich pro Woche über 173 Millionen Hühner geschlachtet, das ergibt 30 Hühner pro Kopf im Jahr für die US-Bürger.[51] Diese erheblichen Mengen an Hühnereier- und Hühnerfleischproduktion in den USA kennzeichnen die Bedeutung dieser beiden Erzeugnisse für die tägliche Ernährung und Versorgung in den USA.

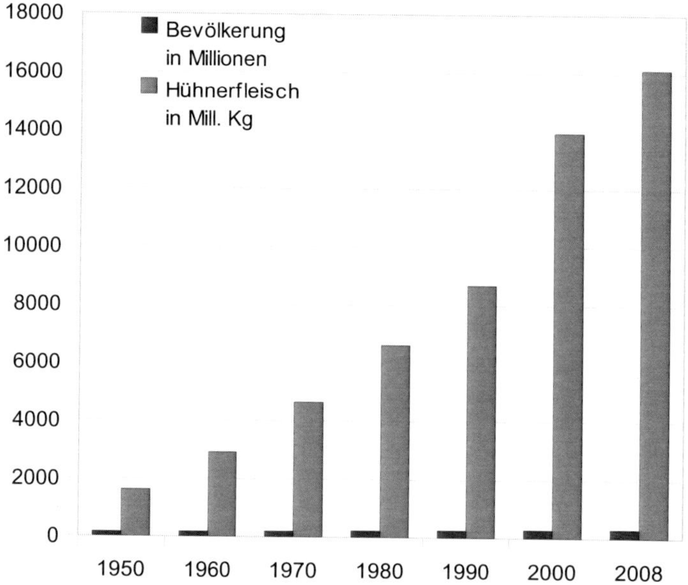

Abbildung 7: Bevölkerung und Hühnerfleischproduktion in den USA zwischen 1950 bis 2008 *Quelle. FAO & DYB*

Die Produktion und der Verbrauch an Hühnerfleisch lagen in den 50er Jahren in den USA bei 10 kg pro Kopf im Jahr. 1960 lag die Pro-Kopf-Produktion bei 17 kg, 1970 bei 24 kg, 1980 bei 29 kg, 1990 bei 34 kg und um die Jahrtausendwende stieg diese Zahl auf 49 kg an. Die ständige Produktions- und Verbrauchssteigerung lag an der zunehmenden vielfältigen Verwendung von Hühnerfleisch. Der durchschnittliche Produktionszuwachs lag in den letzten 10 Jahren des 20. Jahrhunderts bei über 6%. Dieses Wachstum hat sich bisher fortgesetzt, und so liegt die Pro-Kopf-Produktion im Jahre 2008 bei über 53 kg. Das rapide Wachstum der Hühnerfleischproduktion lag ab den 90er Jahren an den neu eröffneten Exportmärkten in den ehemaligen Ostblockstaaten und der VR China. Zusätzlich stieg der Konsum auf dem Binnenmarkt an, der durch das Bevölkerungswachstum und die zunehmende Kaufkraft zustande kam. Der Pro-Kopf-Verbrauch auf dem Binnenmarkt wird sich bei 60 kg stabilisieren, aber der Exportmarkt für das US-amerikanische Hühnerfleisch befindet sich in der Anfangsphase und wird voraussichtlich in den kommenden Jahren stark anwachsen.

M. Hastings, der amerikanische Erfinder und Wegweiser der intensiven Hühnerzucht, schrieb im Jahre 1911, dass es unmöglich sei, die

Hühnerzuchtbetriebe zu zentralisieren oder größere Hühnerfarmen einzurichten und den Kleinzüchter zu vertreiben.[52] Unlogischerweise ist genau das Gegenteil eingetroffen. Die zentralisierten intensiven Hühnerbetriebe dominieren den gesamten Markt in der Versorgung an Eiern und Hühnerfleisch.

VR China

Die Hühnerfleischproduktion wurde in der VR China bis zum letzten Viertel des 20. Jahrhunderts hauptsächlich auf kleinbäuerlicher Ebene praktiziert. Ab den 80er Jahren stieg die Hühnerhaltung in Großbetrieben langsam an, und innerhalb der folgenden 10 Jahre wurde ein durchschnittliches Jahreswachstum von über 27% erreicht. Das Wachstum hat sich fortgesetzt und zwischen den Jahren 1990 und 2000 lag es bei 21%.

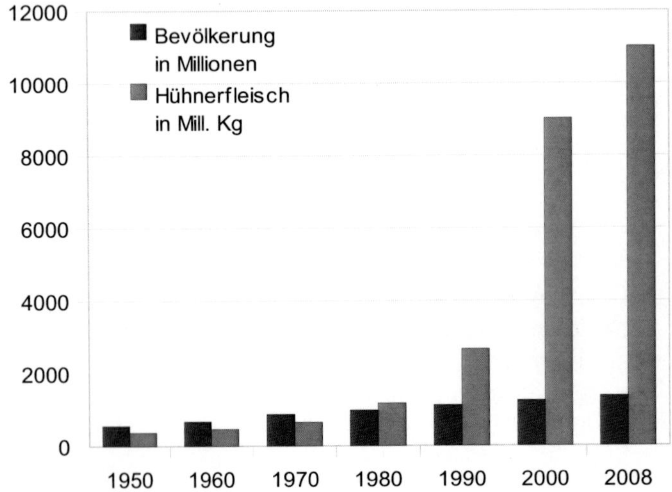

Abbildung 8: Bevölkerungsentwicklung und Hühnerfleischproduktion in der VR China zwischen den Jahren 1950 und 2008

Quelle: FAO; Selected Indicators- Asian Pacific Region, Table 106, Bangkok 2003 & FAO; Statistical Databasis, Rome 2008

Zwischen den Jahren 1950 und 1970 lag die jährliche Pro-Kopf-Hühnerfleischproduktion in der VR China weit unterhalb eines Kilogramms. Auch hier basierte die Hühnerhaltung auf der Eierproduktion, und das Fleisch war ein Nebenprodukt und sehr teuer. Zu Beginn der 80er Jahre

produzierte die VR China gerade ein Kilogramm Hühnerfleisch pro Kopf im Jahr. Zu diesem Zeitraum kam die Wende in der chinesichen Wirtschaftspolitik, wodurch die Privatwirtschaft allmählich die Produktion steigerte. Schon am Anfang der 90er Jahre stieg die jählrliche Pro-Kopf-Produktion an Hühnerfleisch auf über 3 kg und bis zum Jahr 2008 auf über 8 kg an. Neben dem Schweinefleisch ist das Hühnerfleisch das beliebteste Fleisch der chinesischen Bevölkerung. Um den wachsenden Bedarf auf dem chinesischen Binnenmarkt zu decken, muss China seine Hühnerfleischproduktion in den kommenden Jahren um das Mehrfache steigern.
Die entscheidende Schwierigkeit in den chinesischen Hühnerbetrieben ist ebenfalls, wie bei der Schweinefleischproduktion, der Mangel an Futtermitteln. Hühner und Schweine zusammen konsumieren über 92% des gesamten Futterbedarfes Chinas.[53] Die VR China intensivierte in den letzten Jahren zunehmend den Futtermittelkauf auf dem internationalen Markt. Soja aus Brasilien, Fischmehl aus Peru und Getreide aus den USA und aus Australien sind die signifikanten Importentwicklungen Chinas in der Gegenwart und auch für die kommenden Jahre.

Voraussetzungen für die globale Produktion

Ähnlich wie in den USA und in der VR China wird die zukünftige Hühnerfleischproduktion auf globaler Ebene stattfinden. Das Hühnerfleisch ist überall genauso beliebt wie in den USA und in der VR China. Außerdem wird das Hühnerfleisch, wegen der Anerkennung als Weißfleisch[I] gegenüber dem Rotfleisch[II] von Säugetieren, immer mehr Priorität gewinnen. Der Bedarf an dieser Fleischsorte ist weltweit vorhanden, die internationalen Handelsbarrieren wurden in fortgeschrittener Form abgebaut, und die Produktionsstätten in Nordamerika, Südamerika und in Europa besitzen größere Potentiale. Die Entwicklung in Osteuropa und in den afro-asiatischen Ländern ist sehr unterschiedlich. Allerdings ist der Bedarf an Hühnerfleisch und Hühnereiern überall gleichermaßen vorhanden. Ausgenommen ist die religiös geprägte und auf pflanzlicher Basis sich ernährende Bevölkerung Indiens.
Zu den maßgebenden Nachteilen des Hühnerfleisches zählt die gravierende Verbreitung von H5N1, die in der Trivialität als Vogelgrippe benannt wird. Bei einem Erfolg der H5N1-Eindämmung wird die weltweite Hühnerfleischproduktion ein exponentielles Wachstum erleben. Die entscheidenden Vorteile des Hühnerfleisches liegen in der schnellen

[I] Fleisch mit heller Farbe, beinhaltet eine niedrigere Myoglobinkonzentration. Die Myoglobine sind eisenhaltige Proteine, die in erhöhtem Zustand einen Herzinfarkt verursachen können. Hühnerfleisch beinhaltet weniger als 0,05% Myoglobinkonzentration.
[II] Besonders das Fleisch der Herbivoren mit rötlicher Farbe, wie Lamm- oder Rindfleisch, das zwischen 0,4 und 2% Myoglobinkonzentration beinhaltet.

Produktion, den niedrigen Preisen und dem kulturellen Zugang. Vorläufig entscheidet H5N1 über die Zukunft der Hühnerhaltung, inklusive der Fleisch- und Eierproduktion.

Rindfleisch

Das Rindfleisch steht an dritter Stelle in der weltweiten Fleischproduktion. Die Domestizierung von Rindern hat sicherlich mit der Praktizierung der Landwirtschaft begonnen. Die ursprüngliche Rinderzucht basierte auf der Milchgewinnung, auf der Benutzung des Rindes als Zugtier und auch auf der Fleischproduktion. In den Gebieten wie dem indischen Subkontinent wurde das Tier hauptsächlich für die landwirtschaftliche Arbeit und für die Milchgewinnung domestiziert. Vom Mittelmeerraum bis in den fernen Osten wurden die Rinder als Arbeitstiere eingesetzt und die Milchgewinnung als Nebenerzeugnis praktiziert. Für den Verzehr von Rindfleisch waren nur arbeitsunfähige oder unproduktive alte Tiere vorgesehen. Eine Ausnahme bildete die Nutzung der Rinder für Tieropfer. Für religiöse Zwecke wurden nur gesunde und robuste Tiere verwendet. Der vermehrte Verzehr von Rindfleisch ist eine neue Entwicklung, weil immer weniger Rinder als Zugtiere verwendet werden und das einst vielseitigste Haustier nur für die Milch- und Fleischgewinnung gezüchtet wird. Die Produktion von Rindfleisch fällt, in Abhängigkeit der Länder und Gebiete, sehr unterschiedlich aus. d.h. Länder mit großen Weidelandschaften, einheimischem Getreide in Form von Futter und vorhandener industrieller Landwirtschaft produzieren erhöhte Mengen an Rindfleisch. Länder, die trotz vorhandener Rinderzucht immer noch zum größten Teil mit der Praktizierung der traditionellen Landwirtschaft verbunden sind, produzieren niedrige Mengen an Rindfleisch.

Ausgewählte Länder mit einem bedeutenden Anteil an Rindfleisch.

Produktion und Verbauch von Rindfleisch für das Jahr 2008

Länder	**Produktion** Mio.Tonnen	**Import** Mio. Tonnen	**Export** Mio. Tonnen	**Verbrauch** Pro Kopf kg
USA	12,00	1,50	0,50	44
Brasilien	8,00	--	1,80	33
EU	8,00	0,50	0,30	18
VR China	7,37	0,20	0,10	6
Indien[I]	1,28	--	0,40	1
Argentinien	2,85	--	0,60	58
Australien	2,40	--	1,30	53
Uruguay	0,58	--	0,253	91
Welt	63	6,6	6,7	9,35

Quelle: FAO

Die größten Produzenten an Rindfleisch sind gleichzeitig die größten Verbraucher von Rindfleisch. Hier wird die Größe der Produktion im Verhältnis zur Größe der Bevölkerung bewertet. Die Rindfleischproduktion von Uruguay beträgt knapp 1% der Weltproduktion, aber pro Kopf produzierte die Bevölkerung Uruguays im Jahre 2008 über 165 kg Rindfleisch. Australien hat gut 20 Millionen Einwohner und produziert pro Kopf über 120 kg Rindfleisch im Jahr. Die Rinderpopulation in Indien ist die größte der Welt. Über 296 Millionen Rinder werden in Indien als Wirtschaftstiere gehalten, aber mit 1 kg pro Kopf Jahresproduktion gehört Indien zu den niedrigsten Rindfleischproduzenten der Welt. Dies liegt an der indischen Tradition, auf den Verzehr von Rindfleisch zu verzichten bzw. auf den Fleischkonsum zu verzichten. Gleichzeitig hat diese größte Rinderpopulation der Welt eine Lebenserwartung von bis zu 20 Jahren. In Indien sind die geschlachteten Tiere gewöhnlich ältere und arbeitsunfähige Rinder. Viele dieser Rinder sterben im hohen Alter und werden gewöhnlich den Geiern überlassen. Die Rindfleischproduktion ist in dem Sinne kein

[I] Die etwa 200 Millionen Menschen zählenden muslemischen und christlichen Anteile der indischen Bevölkerung sind die Hauptverbraucher des 0,883 Millionen Tonnen Rindfleisches. Hierdurch kommt ein Verbrauch von 4,5 kg Pro Kopf im Jahr zustande.

organisiertes landwirtschaftliches Erzeugnis, sondern ein Nebenprodukt der Arbeits- und Milchtiere.
Trotz MKS in Brasilien, BSE in Nordamerika und Argentinien ging die Nachfrage nach Rindfleisch nicht zurück. Ein entscheidender Bestandteil dieser Entwicklung war das Wachstum des Rindfleischverbrauchs in Asien bzw. im Nahosten. Die Wachstumsrate der Welt-Rindfleischproduktion liegt knapp unter 3%, und die Tendenz ist zunehmend, besonders in den südamerikanischen Staaten, wo der Export an Rindfleisch neue Märkte gewonnen hat. Außerdem ist das Wachstum in der Rindfleischproduktion direkt mit den anderen Rindererzeugnissen wie Milch und Leder verbunden. Mit der Voraussetzung, dass die Milcherzeugnisse weiter zunehmen werden, wird auch die Rindfleischproduktion entsprechend zunehmen..

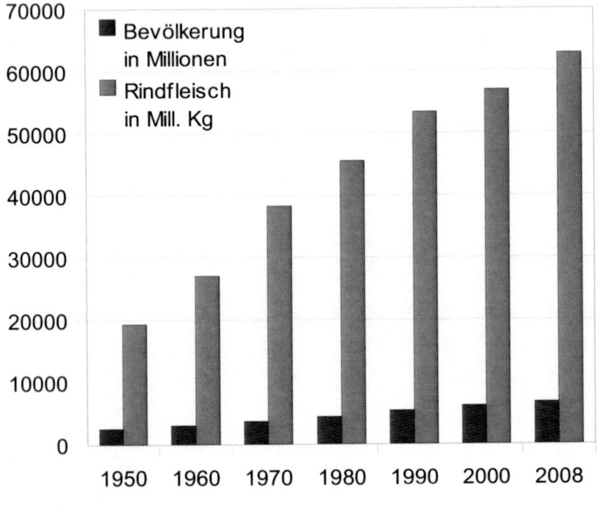

Abbildung 9: Weltbevölkerungsentwicklung und Rindfleischproduktion zwischen den Jahren 1950 und 2008 *Quelle: FAO & DYB*

Das ständige Wachstum der Rindfleischproduktion fand hauptsächlich in Europa, Australien und auf den amerikanischen Kontinenten statt. In der Tat könnte die Produktion ein noch schnelleres Wachstum erzielen, allerdings hatte die phänomenale Entwicklung der BSE-Krise dieses Wachstum periodisch eingedämmt.

Die Produktion an Rindfleisch ist primär von der intensiven und extensiven Tierhaltung abhängig. Bei der extensiven Tierhaltung werden die Rinder auf ausreichendem Weideland mit natürlichen Futtervorkommen, wie Gras und landwirtschaftlichen Abfällen gehalten. Bei der intensiven Rinderzucht werden die Tiere im Stall, unter ständiger Futterversorgung, gemästet. Die extensive Rinderzucht wird vorwiegend in den Entwicklungsländern praktiziert, wo die Tiere gleichzeitig für die Arbeit und für die Milchproduktion eingesetzt werden. In der intensiven Rinderzucht steht das Futtermittel im Vordergrund, um die Milch- und Fleischproduktion zu maximieren.

USA

Die USA ist seit Beginn der kommerziellen Rindfleischproduktion ununterbrochen an der Welt-Produktionsspitze geblieben. Dieses liegt an der Entwicklung der US-Siedlungsgeschichte. Große Weidelandschaften wie die ´Great Plains` unterstützten die Rinderhaltung in der vorindustriellen Zeit, und später ermöglichte die industrielle Getreideproduktion die intensive Rinderzucht. Der Mangel an Naturfeinden wie den katzenartigen Raubtieren ermöglichte die freie Rinderzucht in der Natur, und die prärieartigen Landschaften unterstützten das Treiben von großen Rinderherden in der dünn besiedelten Gegend des neuen Kontinents. Diese Vorteile ermöglichten eine neue Art der Rinderzucht für die Zwecke des Fleischverbrauchs und unterschied sich von der traditionellen Art der Rinderzucht, in der das primäre Ziel die Milchproduktion und Arbeitskraft als Zugtier war. Die Milchproduktion war zuerst unbedeutend, weil die Möglichkeiten der Verarbeitung und Vermarktung nicht vorhanden waren. Im Laufe der technischen Entwicklung, der Bevölkerungsentwicklung und der zunehmenden städtischen Bevölkerung wuchs der Milchbedarf. Die Steigerung der Milchproduktion erweiterte zunehmend die Rinderhaltung und produzierte Rindfleich als zusätzliches Nebenprodukt. In den USA wurden Rinder kaum als Zugtiere eingesetzt, und aus diesem Grund gab es keine anderen Verwendungen, um den Tieren ein längeres Leben zu ermöglichen.
Die Rindfleischproduktion in den USA wie auch in den anderen Industriestaaten findet auf zwei Ebenen statt. Die eine Ebene sind die Mastrinder; hier werden die männlichen Tiere gleich nach der Geburt gemästet, und die andere Ebene ist die Aussortierung für die Milchwirtschaft. Die Mastrinder, je nach Mastart, werden ab einem Alter von wenigen Wochen bis zu mehreren Monaten geschlachtet. Die Milchkühe dagegen erreichen ein Lebensalter von 4 bis 5 Jahren, und bei einem Rückgang der Milchproduktion werden sie geschlachtet.[54]
Die Pro-Kopf-Produktion von 31 kg Rindfleisch in den USA im Jahre 1950 stieg bis auf 53 kg im Jahre 1970 an. In den darauffolgenden Jahren war die Produktion zum Teil rückgängig. Dies lag an den verbreiteten Informationen über die gesundheitlichen Gefahren des Konsums von

Rotfleisch, in Verbindung zu Erkrankungen wie dem Herzinfarkt. Ein neuer Trend an Rindfleischverzicht zeichnete sich zu Beginn der 80er Jahre, in Verbindung zum BSE, ab. Die weitverbreiteten Gedanken über die langfristige Wirkung des BSE-Erregers[I] verhinderte zusätzlich das rapide Wachstum des Rindfleischkonsums. Der niedrigste Stand der Produktion lag im Jahre 1990 mit 40 kg Pro Kopf. Danach stieg die Produktion um jährlich 1,1% an und erreichte im Jahre 2008 eine Produktion von 42 kg pro Kopf. Zusätzlich zu der einheimischen Produktion importiert die USA jährlich 11% des Rindfleisches für den einheimischen Verbrauch.[55]
Die USA besitzt jährlich eine Anzahl von 97 Millionen Rinder, inklusive Milchkühe und Mastrinder. Über 38% dieses Bestandes werden jährlich geschlachtet und der Nachwuchs, mit einem Wachstum von 0,2%, erhöht langsam den Gesamtbestand. Das durchschnittliche Gewicht der geschlachteten Tiere (carcass weight) lag bei 336,1 kg, und damit lieferten zum Beispiel im Jahre 2002 die 38,2% bzw. 37 Millionen geschlachteten Tiere 12.453.849 Tonnen Rindfleisch.[56]

Die zukünftige Weltproduktion an Rindfleisch

Der potentielle Bedarf an Rindfleisch ist weltweit vorhanden. Außer in Indien und Nepal ist das Rindfleisch eine Delikatesse für die ganze Weltbevölkerung. Auch wenn durch die gesundheitlichen Bedenken der Rindfleischverzehr nicht so rasch wachsen wird wie Hähnchen- und Schweinefleisch, wird sich die Rinderzucht immer noch weiter entwickeln. Die wichtigsten Voraussetzungen dafür sind der zunehmende Milchbedarf und die rasche Entwicklung der Lederindustrie.
Die Milchproduktion befindet sich weltweit auf der untersten Entwicklungsstufe. Nur die Industrienationen sind in der Lage, ausreichend Milch zu produzieren. Im Jahre 2008 lag die Welt-Kuhmilchproduktion bei 565 Millionen Tonnen. Das ist ein Weltdurchschnitt von 84 kg Milch pro Kopf im Jahr. Der Pro-Kopf-Durchschnitt bei den Industrienationen liegt bei über 250 kg. Um einen Weltdurchschnitt von nur 150 kg zu erreichen, muss die gegenwärtige Milchproduktion verdoppelt werden. Parallel wird mit der Steigerung der Milchproduktion die Fleischproduktion steigen, weil für die Vermehrung der Milchkühe die männlichen Tiere als Fleisch verarbeitet werden und schließlich die Milchkühe, nach einem Rückgang der Milchproduktion, geschlachtet werden müssen. Dieser direkte Einfluss der Milchproduktion auf die Fleischproduktion ist in der modernen Landwirtschaft unvermeidbar, und aus diesem Grund ist die Rindfleischproduktion ein direktes Erzeugnis der Milchwirtschaft.

[I] Dieser wurde mit der ´Kreuzfeldt-Jakob-Krankheit` in Verbindung gebracht, der durch den Verzehr von BSE infiziertem Fleisch, nach einer Inkubationszeit von mehreren Jahren, hervorgerufen wird.

Die Lederindustrie ist eine ständig wachsende Industrie, die überwiegend Rindsleder als Rohstoff verwendet. Der wachsende Einsatz von Leder in allen Bereichen des Lebens wird spürbar. Außerdem ist der Verkauf von Rohleder eine vorauskalkulierte Einnahme der Rindfleischindustrie. Der Einsatz von Leder, anstelle von Kunstoff, wird in allen Bereichen akzeptiert, weil dieses eine erneuerbare und biologisch abbaubare Naturressource ist. Aus diesen Gründen wird der Bedarf und die Nachfrage an Leder weiter steigen.
Allein Milch und Leder machen die Rinderzucht rentabel. Wenn aus gesundheitlichen Gründen der Konsum an Rindfleisch drastisch zurückgehen würde, wird dieses vielleicht zunehmend als Futter für die Karnivoren der Aquakultur und als Futter für die Haustiere wie Hunde und Katzen verarbeitet. Außerdem würden die männlichen Tiere, wie bei der intensiven Hühnerzucht, sofort nach der Geburt getötet werden, um damit eine unrentable Tierzucht zu vermeiden.

Lamm- & Ziegenfleisch (Ovine)

Die viertgrößte Fleischsorte bilden die Schafe und Ziegen. Die Tiere sind sehr identisch und wurden sicherlich seit Beginn der Landwirtschaft domestiziert. Die Schafzüchtung kann auch als eine Art Alternative zur Landwirtschaft bezeichnet werden. Die Tiere liefern fast alles zur Deckung der Grundbedürfnisse, wie Nahrung und Bekleidung. Milch, Fleisch, Wolle und Felle sind die Produkte, mit der der Mensch auskommen könnte. Die Züchtung von Ziegen ist noch einfacher als die Schafzucht. Jedoch wird die Schafzucht in den kälteren und gemäßigten Klimazonen und die Ziegenzucht in den wärmeren Gebieten praktiziert. Die Ziegen sind sehr genügsame Tiere und können mit sehr wenig Nahrung, wie z.B. mit trockenen Blättern auskommen. Sie fressen bis zu 60% Blätter und Baumgewächse und fressen fast alle Pflanzensorten. Aus diesem Grund sind Ziegenherden auch in den extremen Niederschlag-Mangelgebieten vorzufinden. Auch in den Bergen können es die Ziegen und ebenso die Schafe aushalten, wo andere Haustiere wie Rinder oder Schweine kaum Halt finden können.
Das Fleisch von Schafherden wird als Lammfleisch bezeichnet, obwohl der Begriff Lamm ein bestimmtes Alter der Jungtiere, die häufig als Fleischtiere verwendet werden, bezeichnet. Dagegen wird der Begriff Ziegenfleisch allgemein für Fleisch von Ziegen, in jedem Alter, verwendet. Aus diesem Grund wird der lateinische Begriff ´Ovine` an dieser Stelle häufig verwendet werden, um die beiden Fleischsorten zusammen zu beschreiben.

Produktion & Verbrauch von Lamm- & Ziegenfleisch ausgewählter Länder für das Jahr 2008

Länder	**Produktion** Mio.Tonnen	**Import** Mio. Tonnen	**Export** Mio. Tonnen	**Verbrauch** Pro Kopf in kg
VR China	5	0,10	--	3,50
EU	1,1	0,20	--	2,80
Australien	0,7	--	0,30	20,00
Indien	0,7	--	--	0,63
Pakistan	0,5	--	--	4,00
Iran	0,5	--	--	7,00
Neuseeland	0,6	--	0,40	25,00
Welt	14	0,80	0,80	2,00

Quelle: FAO

Neuseeland produziert 125 kg Lammfleisch pro Kopf im Jahr und verbraucht gleichzeitig die höchste Rate an Lammfleisch. Neuseeland ist für die Schafzucht sehr geeignet, da sich die Tiere dort ohne größeren Aufwand vermehren können, verbunden allerdings mit beachtlichen Schäden durch das Kahlfressen der Flora und damit verbundene Nachteile für die Pflanzen- und Tierwelt.[I]

Die Produktion an Lamm- und Ziegenfleisch steigt durchschnitlich um 2% im Jahr an. VR China, Indien, Iran und Pakistan produzieren über 60% des weltweiten Lamm- und Ziegenfleisches. Die Exporteure auf dem Weltmarkt sind aber Australien und Neuseeland. Das Wachstum der Lammfleischproduktion in Neuseeland und Australien ist über 2% rückläufig. Auch in den anderen Industrieländern ist die Lammfleischproduktion rückläufig. Die Ursachen sind der niedrige Wollpreis auf dem Weltmarkt und die hohen Produktionspreise für Lammfleisch.

Die Lamm- und Ziegenfleischproduktion in der VR China wächst, gegenüber den Industrienationen, um über 5% im Jahr. Über 85% der gesamten Landfläche in der VR China sind für die Landwirtschaft nicht

[I] In diesem Zusammenhang ist zu erwähnen, dass während der großen Seefahrtsgeschichte im 18. und 19. Jahrhundert auf vielen Inseln der Weltmeere Ziegen und auch Schafe ausgesetzt wurden. Die genügsamen Tiere sollten sich vermehren und später als Nahrung für die Seefahrer dienen. So hatten sich z.B. die Ziegen tatsächlich vermehrt, aber viele der Inseln wurden kahl gefressen und somit wurde die dortige Flora und Fauna vom Aussterben bedroht. Später wurden die Ziegen aus diesem Grund auf vielen Inseln ausgerottet.

nützlich, aber viele dieser Landschaften sind für die Schaf- und Ziegenzucht sehr geeignet. Außerdem bietet der Binnenmarkt für Lamm- und Ziegenfleisch, Wolle und Felle ein enormes Absatzpotential.
Der Futtermangel in der VR China ist eine begleitende Erscheinung in der Tierhaltung. Rinder, Schweine und Hühner brauchen ständige Fütterung. In dieser Hinsicht sind die Schafe und Ziegen von der Fütterung weitgehend unabhängig. Die genügsame Tierherde sucht das Futter in der Natur selbst, und Chinas weite Landschaften, die für den Anbau von Nahrungspflanzen ungeeignet sind, bieten eine enorme Alternative für die Schafe und Ziegen. Auch Länder, wie Iran und Pakistan besitzen große subaride Landschaften, wo kein Getreide wächst und keine Bewässerung stattfinden kann. In vielen dieser trockenen Landschaften grasen die Ziegen- und Schafherden und liefern regelmäßig Milch, Fleisch, Wolle und Häute.

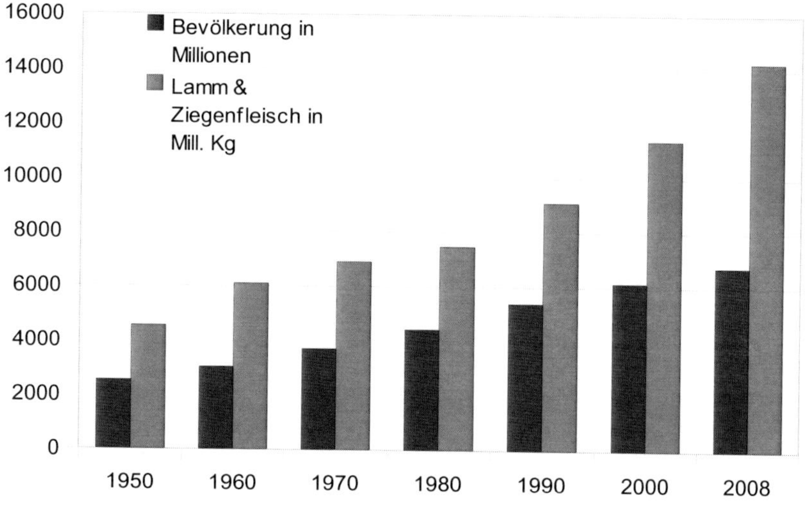

Abbildung 10: Weltbevölkerungsentwicklung und Lamm- und Ziengenfleischproduktion zwischen den Jahren 1950 und 2008

FAO: Statistical Databases, Rome 2009

Die Produktion an Lamm- und Ziegenfleisch ist, im Verhältnis zur Weltbevölkerung, seit der vorhandenen statistischen Berechnung immer durchschnittlich unter 2 kg pro Kopf geblieben. Es sind die einzigen Fleischsorten, die mit dem Bedarf des modernen Fleischkonsums nicht

Schritt halten können. Das konstante Wachstum dieser Fleischsorten liegt primär an folgenden Ursachen:

1) Intensive Tierzucht in Ställen mit Futtereinsatz ist kaum möglich, da die Tiere Bewegungsfreiheit bevorzugen
2) Geringer Fleischanteil und langsames Wachstum
3) Wegen der geringen Produktion wird die Milch als Nebenprodukt bezeichnet. Das Melken lässt sich kaum mechanisieren
4) Schafe und Ziegen sind als Arbeitstiere nicht geeignet
5) Die moderne Lederindustrie bevorzugt hauptsächlich das Rindsleder
6) Fallende Wollpreise auf dem Weltmarkt
7) Hohe Produktionspreise für Lammfleisch

Allein aus den oben genannten Ursachen wächst das Lamm- und Ziegenfleisch nicht wie die Fleischsorten Schwein, Huhn oder Rind. Voraussichtlich wird das langsame Wachstum dieser Fleischsorten weiterhin bei 2% im Jahr bleiben, aber dieses Wachstum bezieht sich hauptsächlich auf das Festland China. Der Rückgang des Wollpreises auf dem Weltmarkt liegt vorwiegend an der Verarbeitung von Kunststoffwolle aus Polyethylentherepthalat.[I] Lammfleisch ist das teuerste Fleisch der ersten vier Fleischsorten.
Das zukünftige Wachstum des Lamm- und Ziegenfleisches ist von zwei vor- und nachteiligen Entwicklungen abhängig. Die Tiere sind weitgehend frei von der Fütterung, da sie ihre Nahrung selbst in der Natur aussuchen. Weil knapp 90% der Welt-Landfläche für die Landwirtschaft ungeeignet ist und eine große Fläche davon für die Schaf- und Ziegenzucht sehr geeignet ist, können Lamm- und Ziegenfleisch eine passende Alternative zu den von Futtermitteln abhängigen Fleischproduktionen sein. Die Nachteile dabei sind die Wirkungen auf die Flora, Fauna und auf die Umwelt. Die Tiere verspeisen alles Fressbare und hinterlassen eine kahle Landschaft. Die Erweiterung der Wüste in der Sahelzone kann auch zum Teil auf die Ziegenhaltung zurückgeführt werden, da diese die dornigen Gewächse am Rande der Wüste kahl fressen und so die Ausdehnung des Wüstensandes ermöglichen.

[I]Bezeichnet als PET, wird aus Erdöl gewonnen, aber primär ein recyceltes Produkt aus Kunststoffverpackungen, wie Wasserflaschen etc. Die Faser ist weich, knitterfrei, reißfest, wasserdicht, wärmehaltig und vor allem günstiger als Schurwolle oder Reinwolle.

Die Fleischproduktion und der Fleischweltmarkt

Der Fleischweltmarkt ist ein profitablen und gleichzeitig ein sehr instabiler Agrarhandelssektor, der in den letzten zwei Jahrzehnten durch eine Vielfalt von phänomenalen Entwicklungen begleitet wurde. Tierkrankheiten, Umwelt-katastrophen, Futtermittelskandale, Gammelfleischskandale, Klonfleischbedenken, ethische, kulturelle und hygienische Angelegenheiten, Etikettierungsverfälschungen, Subventionen und Dumpingpreise, Mangel und Überangebote sind die begleitenden Erscheinungen des Welt-Fleischhandels. Trotz der als unkontrollierbar geltenden Tierkrankheiten und die damit verbundene Gefährdung der menschlichen Gesundheit wächst die globale Fleischproduktion durchschnittlich um 3% im Jahr. Wachsende Kaufkraft treibt die Produktion und den Handel ununterbrochen an, und eine Sättigungsgrenze ist in absehbarer Zukunft nicht in Sicht. Keine anderen landwirtschaftlichen Erzeugnisse sind mit dieser Vielfalt der Problemdarstellung verbunden, und dennoch stehen sie im Vordergrund der Nahrungsangebote. Fleisch, als gewöhnliche oder nichtgewöhnliche Nahrung des Menschen, hat einen vielschichtigen, auch heterogenen kulturellen Hintergrund. Aus natürlichen wie sozioökonomischen und kulturellen Gründen ist es heute zu einem umstrittenen Lebensmittel der Menschheit geworden, das neu befragt und geprüft werden muss.
Der ständig wachsende Fleischweltmarkt erreichte ab Mitte des 20. Jahrhunderts jedes Jahr einen neuen Produktionsrekord. Allerdings fällt die Produktion gebiets- und länderweise sehr unterschiedlich aus. Die größten Fleisch produzierenden Länder sind nicht gleichzeitig die größten Pro-Kopf-Fleischproduzenten der Welt.

Ausgewählte Länder mit höchster Pro-Kopf-Fleischproduktion für das Jahr 2008 Quelle: FAO

Länder	**Pro-Kopf-Fleischproduktion** in kg	**Gesamtproduktion** in Tonnen
Dänemark	380	2.065.000
Neuseeland	365	1.463.000
Australien	213	4.290.000
Belgien	164	1.705.000
Holland	145	2.370.000
Kanada	137	4.390.000

Länder	**Pro-Kopf-Fleischproduktion** in kg	**Gesamtproduktion** in Tonnen
USA	140	42.222.000

Länder mit einer sehr großen Bevölkerung produzieren oft sehr wenig Fleisch pro Kopf. Mengenmäßig produzieren diese Länder eine beträchtliche Tonnage an Fleisch, aber aufgrund der Bevölkerungsgröße steht ihnen sehr wenig Fleisch pro Kopf zur Verfügung. Diese Länder gehören vorwiegend zu den afro-asiatischen Kontinenten. Die niedrigere Pro-Kopf-Fleischproduktion liegt hauptsächlich am Futtermittel- und am Weidelandmangel mit natürlichen Futtervorkommen und an der Praktizierung der traditionellen extensiven Tierhaltung.

Bevölkerungsreiche Länder mit niedrigster Pro-Kopf-Fleischproduktion für das Jahr 2008

Länder	**Pro-Kopf-Fleisch-produktion** in kg	**Gesamt-produktion** in Tonnen	**Bevölkerung** in 1000
VR China	70	95.106.042	1.355.715
Pakistan	13	2.225.500	166.075
Indonesien	11	2.644.916	231.951
Indien	5	6.511.814	1.174.085
Bangladesh	3	511.836	159.670

Quelle: FAO

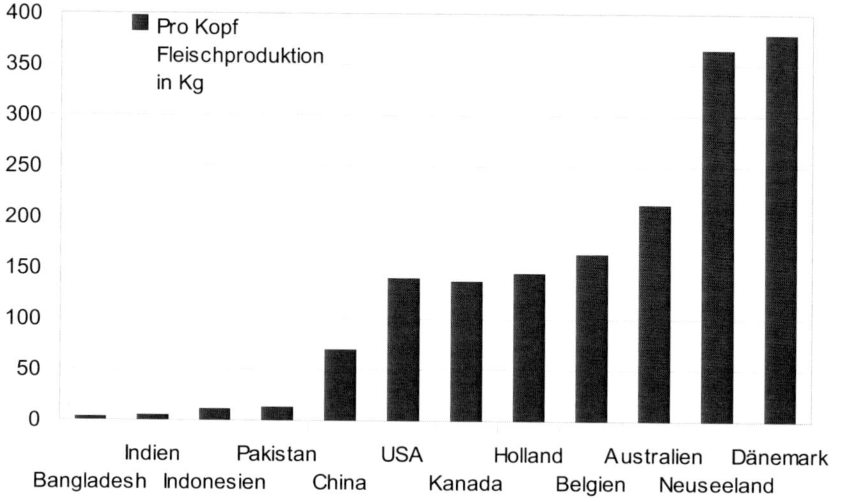

Abbildung 11: Pro-Kopf-Fleischproduktion der Beispielländer für das Jahr 2008

Quelle:: FAO

Verhältnis zwischen Getreide- und Fleischproduktion

In der Regel produzieren Länder mit einer hohen Getreideproduktion mehr Fleisch als Länder mit einer niedrigen Getreideproduktion. Alle aufgeführten Länder mit einer hohen Pro-Kopf-Fleischproduktion produzieren gleichzeitig hohe Mengen an Pro-Kopf-Getreide. Das Getreide gilt als das wichtigste Futtermittel in der Tierzucht und Fleischproduktion. Länder mit einer niedrigen Pro-Kopf-Getreideproduktion produzieren ebenfalls niedrige Mengen an Pro-Kopf-Fleisch.

Das Verhältnis zwischen Pro-Kopf-Getreide- und Pro-Kopf-Fleischproduktion der ausgewählten Länder für das Jahr 2007

Länder	Pro-Kopf-Getreide in kg	Pro-Kopf-Fleisch in kg
Australien	1100	207
Dänemark	1514	380
Kanada	1512	137
USA	1380	139
Holland	93	145
Neuseeland	235	360
Belgien	242	167
Indonesien	302	11
Bangladesh	283	3
Indien	217	5

Quelle: FAO

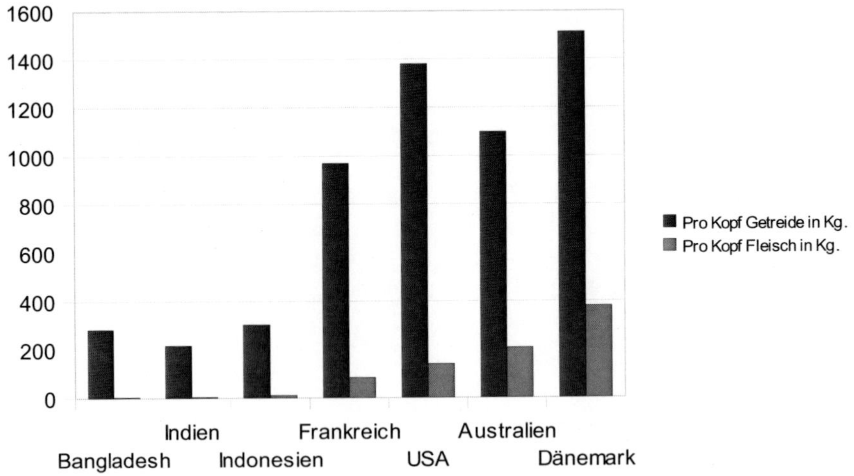

Abbildung 12: Verhältnisse zwischen Getreide- und Fleischproduktion ausgewählter Länder für das Jahr 2008 *Quelle: FAO*

Bei den ersten vier Ländern liegt die Pro-Kopf-Getreideproduktion bei über einer Tonne und entprechend ist die Pro-Kopf-Fleischproduktion sehr hoch. Die folgenden drei Länder produzieren eine niedrige Menge an Pro-Kopf-Getreide, aber sie importieren eine bedeutende Menge an Getreide und anderen Futtermitteln. Eine Ausnahme bildet hier Neuseeland, weil deren Fleischproduktion hauptsächlich aus Schafszucht besteht, die in den Steppen durchgeführt wird. Länder wie Holland und Belgien importieren eine bedeutende Menge an Getreide und anderen Futtermitteln wie Hülsenfrüchte und Ölkuchen. Holland importiert über das Vierfache an Getreide, als es selbst produziert und Belgien über das Zweifache.
Die letzten drei Länder Indonesien, Indien und Bangladesh erzeugen wenig Getreide und entsprechend wenig Fleisch. Die Getreideimporte von Indonesien und Bangladesh liegen jeweils bei 15% und 10% der eigenen Produktion. Dagegen liegen die Getreideimporte von Indien weit unter einem Prozent und können deshalb als sehr unbedeutend bezeichnet werden. Gleichzeitig konsumieren eine große Anzahl der indischen Bevölkerung, aus religiösen Gründen, kein Fleisch.

Verhältnisse des BSPs und des Fleischkonsums

Eine hohe Kaufkraft bedeutet einen hohen Fleischkonsum auf nationaler Ebene. Der hohe Konsum ist direkt mit der Produktion verbunden. Es sind wenige Länder, die trotz eines ausreichenden BSPs niedrige Mengen an Fleisch produzieren. Diese Länder mit einem hohen BSP und einer niedrigen Fleischproduktion sind primär die Erdöl produzierenden Wüstenstaaten, wo die Landwirtschaft allgemein unzugänglich ist.

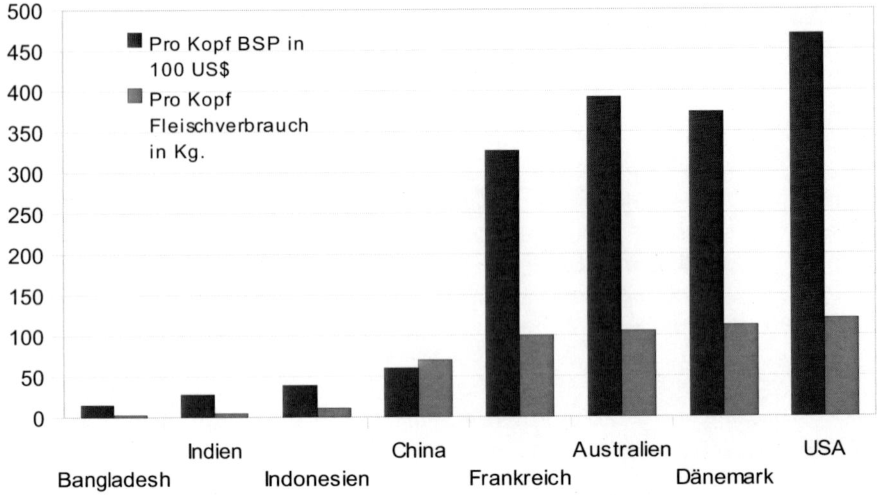

Abbildung 13: Verhältnisse zwischen BSP und Fleischverbrauch ausgewählter Länder für das Jahr 2008 *Quelle: FAO & World Bank*

Der Fleischweltmarkt basiert auf Produktion und Kaufkraft. In der Regel gilt: je höher die Kaufkraft, desto höher ist die Produktion und der Konsum. Länder mit niedriger Fleischproduktion und hoher Kaufkraft importieren Fleisch aus dem Weltmarkt. Länder mit hoher Fleischproduktion sind gleichzeitig Exporteure und Importeure des Welt-Fleischhandels.
In der folgenden Darstellung wurde der Fleischverbrauch in Relation zum BSP berechnet. Falls alle Staaten zum Beispiel über das französische BSP verfügen würden, sähe der Fleischverbrauch, unter Berücksichtigung der aktuellen Daten, folgendermaßen aus.

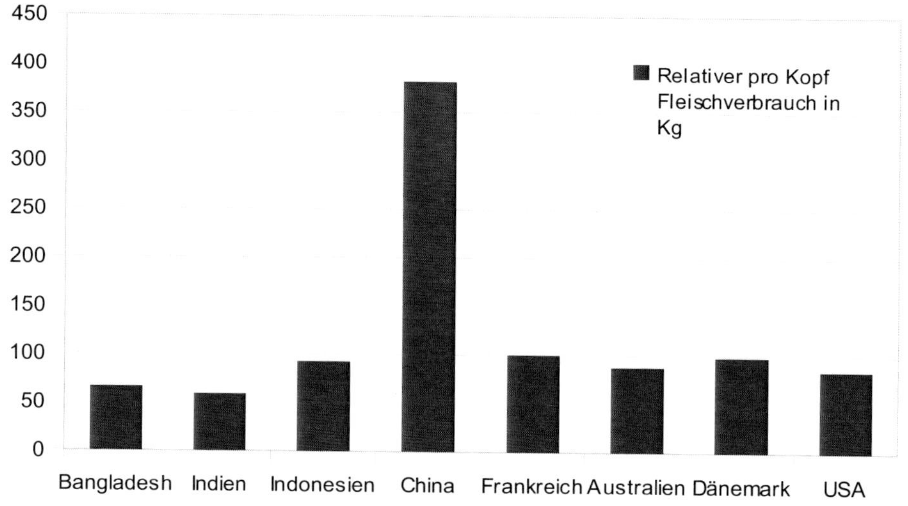

Abbildung 14: Pro-Kopf-Fleischverbrauch in Relation zum BSP (angepasst an das französische BSP)

Die größten Fleisch produzierenden Länder wie die VR China und die USA sind verhältnismäßig keine großen Fleischexporteure. Die VR China exportiert nur 2,5% der Gesamtproduktion, und gleichzeitig importiert sie im Verhältnis 3,5% Fleisch. Die USA exportiert ebenfalls 13% der eigenen Fleischproduktion und importiert dagegen fast die Hälfte der Exportmenge. Länder, wie Dänemark, Belgien und Holland produzieren über 70% Fleisch nur für die Exportzwecke. In Ländern, wie der BR Deutschland und Frankreich sind die Export- und Importmenge an Fleisch identisch. Knapp 11% der gesamten Welt-Fleischproduktion werden exportiert. Der Export fängt mit einem Grenzübergang an und verbreitet sich bis zum transozeanischen Handel.
Das wichtigste an der Fleischproduktion ist der Verbrauch. Normalerweise haben die meisten Länder mit einer hohen Pro-Kopf-Fleischproduktion gleichzeitig einen hohen Pro-Kopf-Fleischverbrauch. Ebenfalls ist die Menge des Pro-Kopf-Fleischverbrauchs vom Pro-Kopf-Einkommen und der Pro-Kopf-Getreideproduktion abhängig.

Ausgewählte Länder mit hohem und niedrigem Pro-Kopf-Fleischverbrauch im Verhältnis zum Einkommen und zur Getreideproduktion für das Jahr 2008

Länder	**Pro-Kopf-BSP** US Dollar/Jahr	**Pro-Kopf-Getreide** kg/Jahr	**Pro-Kopf-Fleisch** Verbrauch kg/Jahr
USA	47000	1380	118
Dänemark	37400	1514	112
Australien	39200	1200	105
Frankreich	32700	1.050	100
Bangladesh	1.500	280	3
Indien	2800	210	5
Indonesien	3900	283	11

Quelle: FAO & World Bank

Hier sind die Länder mit dem höchsten Pro-Kopf-Fleischverbrauch die Länder, die gleichzeitig ein hohes Pro-Kopf-Einkommen und eine hohe Pro-Kopf-Getreideproduktion erzielen. Länder mit niedriger Pro-Kopf-Getreideproduktion und niedrigem Pro-Kopf-Einkommen haben ebenfalls eine niedrige Pro-Kopf-Fleischproduktion und einen niedrigen Verbrauch. Damit liegt der Fleischverbrauch proportional zum Einkommen und zur Getreideproduktion.

Das hohe Pro-Kopf-Getreide ermöglicht niedrige Produktionskosten von Nahrungsmitteln tierischer Herkunft. Die hohe Getreideproduktion basiert auf der modernen Agrartechnologie, Agrarchemie, großen Anbauflächen, passender Infrastruktur und staatlichen Subventionen. Das günstige Getreide ermöglicht wiederum eine günstige Fleischproduktion. In den armen Ländern mangelt es an großen Getreidefeldern und der damit verbundenen industriellen Landwirtschaft. Das mit der traditionellen Methode produzierte Getreide ist hauptsächlich für den menschlichen Verzehr bestimmt, und als Tierfutter ist es zu teuer. Der Mangel an Futtermitteln hindert und verteuert die Fleischproduktion, was wiederum direkt auf das niedrige BSP zurückzuführen ist.

Die Herstellungskosten von Hühnerfleisch und Pro-Kopf-BSP in den ausgewählten Ländern für das Jahr 2006

Länder	**Produktionskosten von Hähnchen** Pro Tonne in US Dollar	**Pro-Kopf-BSP** in US Dollar
Dänemark	947	37.200
Australien	1357	36.800
Frankreich	1476	32.800
USA	1.308	46.300
Bangladesh	943	1.300
Indonesien	1.002	3.500
Indien	1.654	2.500

Quelle: FAO & World Bank

Hier wird das Beispiel Hähnchen genommen, weil dieses Fleisch in allen Beispielländern konsumiert wird. Die durchschnittlichen Produktionskosten für Hähnchenfleisch sind in den drei Beispielländern Bangladesh, Indonesien und Indien identisch mit den Industrieländern. Gleichzeitig ist das durchschnittliche Pro-Kopf-Einkommen in den Industrieländern über das Zehnfache höher als in den Entwicklungsländern. Im Vergleich zum Pro-Kopf-Einkommen entsprechen die Pro-Kopf-Herstellungskosten für eine Tonne Hühnerfleisch 2,54% in Dänemark, 3,68% in Australien, 4,5% in Frankreich, 2,82% in den USA, 72,5% in Bangladesh, 28,6% in Indonesien und 66% in Indien. Dieser enorme Unterschied an Produktionskosten verursacht entsprechend einen sehr hohen und sehr niedrigen Pro-Kopf-Fleischverbrauch.

Die Produktionskosten von Fleisch waren ursprünglich in den Industrieländern genauso teuer wie in den Entwicklungsländern und zwar, als die Landwirtschaft nicht genügend Getreide liefern konnte. Mit der ständigen Modernisierung der Landwirtschaft wuchs die Getreideproduktion, und parallel dazu wuchsen die Fleischproduktion und der Fleischkonsum. Genau genommen war der Fleischverbrauch in den 50er Jahren weltweit identisch, und die Industriestaaten hatten durchschnittlich fast denselben Pro-Kopf-Fleischverbrauch wie in den Entwicklungsländern.

Die Fleischproduktionskosten hängen von der Futterverwendung, den Futterpreisen und der Züchtungsdauer ab. Zwar konsumieren Hühner und

Schweine große Mengen an Futter, aber das Wachstum dieser Tiere ist sehr schnell, und sie erreichen in kurzer Zeit ein bestimmtes Gewicht und Körpergröße. Dagegen sind Schafe, Ziegen und Rinder langsam wachsende Tiere und benötigen mehr Produktionskosten.

Abhängig von den unterschiedlichen landwirtschaftlichen Subventionen und den Tierzuchtzuständen sind die Fleischpreise zum Teil unterschiedlich. Dagegen sind in Japan die Preise aller Fleischsorten um das Vielfache teurer als in den anderen Ländern. Japan produziert sehr wenig Futtermittel, und die Fütterung ist direkt vom Import abhängig. Andererseits hat Japan sehr strenge Importbestimmungen für Fleisch. Der japanische Fleischmarkt ist vorwiegend von der einheimischen Produktion abgedeckt. Trotz hoher Subventionen sind die Fleischpreise in Japan sehr hoch, weil es hier an Konkurrenz aus dem Ausland mangelt. Andererseits ist der Fleischmarkt Japans für die großen Fleischexportländer, wie die USA, Brasilien und Australien sehr attraktiv. Der US-Schweinefleischexport ist primär von dem japanischen Import abhängig.

Der bisherige Fleischweltmarkt ist auf die traditionellen Erzeuger- und Importländer begrenzt. Die Erweiterung der Handelsbarrieren für Agrarerzeugnisse und die zunehmende Kaufkraft der sogenannten Mittelschicht ermöglichen in vielen Entwicklungsländern eine Diversifikation des Welt-Fleischhandels. Bevölkerungsreiche Länder in Asien und Afrika konsumieren zunehmend mehr Fleisch und Fleischprodukte. Jedoch ist die Landwirtschaft dieser Länder vorläufig nicht in der Lage, den stetig wachsenden Fleischbedarf zu decken. Das besondere Hindernis liegt am Futtermittelmangel für die Fleischindustrie, gefolgt von den Voraussetzungen, wie Ackerland und Frischwasser für die einheimische Futterproduktion. Mit zunehmneder Kaufkraft wird zunehmend Fleisch vom Weltmarkt erworben, und die traditionellen Fleischexportländer werden ihre Exporttätigkeiten erweitern. Um das Potential des gegenwärtigen und zukünftigen Fleischbedarfs zu decken, muss der Futteranbau und die Tierhaltung erweitert werden. Die USA, Kanada, Brasilien und Argentinien werden diesem wachsenden Fleisch-Weltmarkt als bedeutende Versorger dienen und gleichzeitig ihre Landwirtschaft entsprechend erweitern.

3. Die Rohstoffe und Ressourcen der Fleischproduktion

Die Praktizierung der modernen Landwirtschaft hatte eine neue Dimension der landwirtschaftlichen Produktion erreicht, indem Kunstdünger, Pflanzenschutzmittel, Hochertragsaatgut, künstliche Bewässerung und technische Geräte verwendet wurden. Die Ernte wurde sicherer, die Produktuion stieg um das Mehrfache an, und die Anbaufläche wurde immer mehr erweitert. Als Resultat gab es große Überschüsse an Getreide und Hülsenfrüchten, die auf über 80% der Weltackerfläche angebaut wurden. Anhand der sogenannten Überproduktion gingen die Preise allmählich zurück, und aufgrund des Lagerungsmangels wurde die Ernte vermehrt an die Wirtschaftstiere verfüttert.

Landwirtschaft als Tierfutter ist eine neue Entwicklung. Alle Getreidesorten, alle Hülsenfrüchte, Wurzelfrüchte, Knollenfrüchte und reine Pflanzen, wie Alfalfa etc. werden als Futtermittel angebaut. Futtermittel, wie Grundfutter, Kraftfutter, Mineralfutter, Fischmehl, Futterpellets, Ölkuchen usw. gehören mittlerweile durch den Futtermittelhandel zum größten Agrarhandel der Welt. Die Bulkschiffe transportieren Soja oder Getreide als Tierfutter zwischen Südamerika, Nordamerika, Australien, Europa und Asien hin und her. Auf dem Festland sind der Schienenverkehr, die Binnenschiffe und die LKWs für den Transport der Futtermittel zu den Höfen zuständig.

Auf dem Futtermittelgebiet gibt es eine große Auswahl von unterschiedlichen Futtermitteln mit unterschiedlichen Herkünften. Das UNO-Animal Food Resource Information System informiert über mehr als 700 unterschiedliche Herkunftsprodukte, die weltweit als Futter und zur Futterproduktion verwendet werden. Das moderne Futtermittel hat eine sehr hohe Bandbreite, von der pflanzlichen über die tierische bis zur industriellen Herkunft. Außer Reis werden alle Getreidesorten zum größten Teil für die Futtermittelzwecke angebaut. Auch im Bereich der Ölsaat wird der größte Anteil als Futtermittel, wie Soja, angebaut. Außerdem gelten alle Ölsaaten auch aus dem Grund als Futtermittel, weil nach der Ölgewinnung die Pressrückbestände, genannt Ölkuchen, als Tierfutter verwendet werden und diese Verwendung beim Ölsaatanbau einkalkuliert wird. Mais, Weizen und Soja sind die ersten drei wichtigen landwirtschaftlichen Produkte der modernen Tierzuchtindustrie.

Die weltweite Produktionsmenge, Anbaufläche, Futtermenge und der prozentuale Anteil an Futter der zwei wichtigsten Getreidesorten Mais und Weizen und der wichtigsten Ölfrucht Soja für das Jahr 2007:

Produkte	Produktion Tonnen	Anbaufläche Hektar	Futter Tonnen	Prozent
Mais	784.786.580	157.874.343	588.589.935	75%
Weizen	607.045.683	217.432.668	139.620.508	23%
Soja	216.144.262	94.899.2146	75.650.491	35%

Quelle: FAO

Allein die oben genannten drei Produkte werden auf über 32% der gesamten Weltackerfläche angebaut, und wenn alle anderen pflanzlichen Produkte dazu gezählt werden würden, würde diese Zahl auf über 70% steigen. Fast alle bedeutenden landwirtschaftlichen Produkte werden für Futterzwecke benutzt. Die Produkte werden entweder direkt an die Wirtschaftstiere verfüttert oder deren Abfälle, extra präparierte oder Verarbeitungsreste. Ein wichtiges Industriefuttermittel sind die Futterpellets. Die Futterpellets sind fett-, protein- und vitaminreich, lange haltbar, leicht im Gewicht und deshalb besser transportierbar. Aus fast allen landwirtschaftlichen Produkten können Futterpellets hergestellt werden und damit kann auch der Transport von Rohstoffen mit höherem Wassergehalt, wie Maniok (>62%) weitgehend vermieden werden.
Der Weltmarkt der Futtermittel ist eine etablierte und ständig wachsende Branche. Der Einsatzmarkt dieser Branche ist mittlerweile in den Industrieländern ausreichend versorgt, aber in den Entwicklungsländern bzw. in über 70% der Weltgemeinschaften ist diese Branche noch sehr jung und besitzt ein enormes Wachstumspotential.

Die wichtigsten Voraussetzungen für die Futtermittelindustrie

Die wichtigsten Voraussetzungen der Futtermittelindustrie sind fruchtbares Land, Wasser für die Landwirtschaft und die Agrarindustrie in Form von Agrarchemie und Agrartechnologie. Außer der Produktion, gehören die Verkehrsnetze, Verkehrsmittel, Lagerung, Transport und Logistik zu den wichtigsten Voraussetzungen für die Versorgung mit Rohstoffen für die moderne Fleischindustrie. Mit großen Anstrengungen wird versucht, die Voraussetzungen zu erfüllen, um die Lieferung von Tierfutter zu ermöglichen. Die wichtigste Bedingung für ein landwirtschaftliches Vorhaben ist das vorhandene Ackerland, das als Basis für pflanzliche und tierische Nahrungsmittelproduktion gilt.

Landentwicklung und Landnutzung

Welt-Gesamtlandfläche	13.431.258.000 ha	100,00%
Welt-Landfäche ohne Binnengewässer	13.067.666.000 ha	97,30%
Landwirtschaftliche Siedlungsgebiete	5.021.734.000 ha	38%
Ackerland und Dauerkultur	1.532.090.000 ha	< 12%
Ackerland	1.401.667.000 ha	10,7%
Nicht-Ackerland	11.535.576.000 ha	88%
Bewässertes Ackerland	273.052.000 ha	< 18% des Ackerlandes

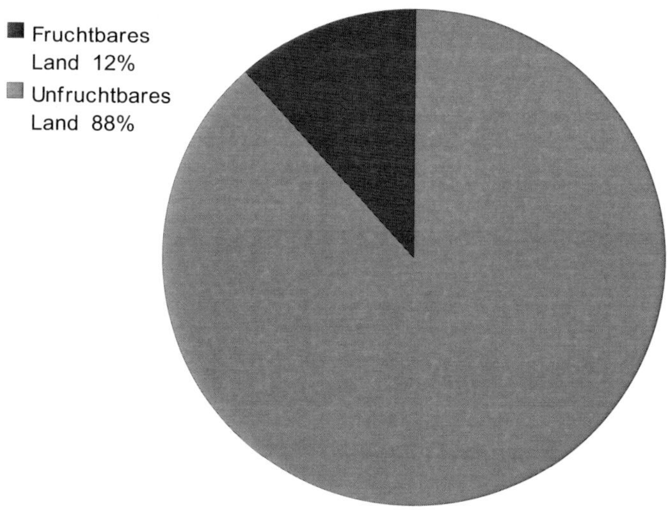

Abbildung 15: Anteile des fruchbaren Landes der Welt-Gesamtlandfläche

Quelle: FAO

Zur Entstehung des Neolithikums existierte in dem Sinne kein passendes Land für den Ackerbau. Der Bauer der Jungsteinzeit musste mühsam ein Stück Land von den Wäldern befreien. Viele entzündeten Feuer in der Wildnis und befreiten somit Land von den Wäldern. Als die vorhandenen Ländereien ausreichten, um die Nahrungsmittelprodukte anzubauen, fingen die Menschen an, ansässig zu werden. Siedlungen und Dörfer kamen zustande, Familien wurden gegründet, die Siedlungen wurden erweitert, und so stieg der Bedarf an Ackerland immer mehr. Immer mehr Wälder wurden für Ländereien gerodet. Die Landwirtschaft wurde der permanente Lebensunterhalt, und die Menschen wurden agrarisch.
Das Ackerland von den Wäldern befreit zu halten, verlangte viel Arbeit, und allein mit Muskelkraft war dies sehr hart. Deshalb war nie genügend Ackerland vorhanden. Es stand nur dann Ackerland im Überfluss zur Verfügung, wenn durch Krieg, Bürgerkrieg oder eine Naturkatastrophe viele Menschen in kurzer Zeit gestorben sind. Wenn nicht genügend Menschen vorhanden waren, um das freie Ackerland zu bearbeiten, wandelte es sich zur ursprünglichen Waldform zurück.
Der unverzichtbare Bedarf an Ackerland führte die Agrargesellschaft zu einer feudalen Gesellschaft und der Feudalismus führte zu einer zentralgesteuerten Monarchie. Der Begriff Land für den Anbau wandelte sich zu einem Landsystem um, wo die Ländereien zusammem gebunden wurden. Der Feudalismus basierte auf der Landsteuer, indem die Bauern regelmäßig Steuern in Form von Geld oder Erntegaben abliefern mussten. Das Landsystem wurde im Laufe des fortgeschrittenen Staatssystems hierarchisch aufgebaut: Könige, Adelige, Großgrundbesitzer, Pächter, und dazwischen gab es eine Reihe von Funktionären, die das Steuerwesen in die Wege geleitet hatten.[57]
Der Wachstumswettbewerb hatte begonnen, und das Ackerland diente dabei als das wichtigste Element. Das zweite wesentliche Element waren die Arbeitskräfte. Aber fruchtbares Land und ausreichende Arbeitskräfte waren selten vor Ort vorhanden. Aus diesem Grund mussten Arbeitskräfte aus anderen Gebieten geholt werden, und so fand die Arbeiterwanderung statt. Auf der Suche nach fruchtbarem Land oder nach Erwerb reisten die Menschen von einem Ort zum anderen und von einem Gebiet zum anderen. Immer mehr Siedlungen kamen zustande, und die Suche nach fruchtbarem Land wurde fortgesetzt. Gleichzeitig vermehrte sich die Bevölkerung im Verhältnis zum vorhandenen Ackerland. Immer mehr Wälder wurden in Ackerland umgewandelt, Berghänge wurden in Terrassenbau verwandelt, und trockene Landschaften wurden künstlich bewässert. Trotzdem war nie genügend Ackerland vorhanden, und die Menschheit musste darunter leiden. Wenn vorübergehend genügend Ackerland vorhanden war, um genügend Nahrungsmittel für die Bedarfsdeckung zu produzieren, vermehrten sich die Menschen schnell,

und so bestand wiederum ein neuer Bedarf an Ackerland. Zusätzlich verlangte das Steuerwesen, mehr in der Landwirtschaft zu produzieren, und gleichzeitig bedeutete immer mehr Ackerland immer mehr Landsteuer. Auf der Suche nach immer mehr Ackerland sind die Menschen auf ihre Grenzen gestoßen, indem langsam bekannt wurde, dass die Ländereien sich nicht im Verhältnis zum menschlichen Bedarf vermehrten. Man stieß auf die trockene Wüste, auf die hohen Berge, auf das Meer, und es gab kaum noch Land zum Pflügen und zum Anpflanzen.
Durch die Benutzung von Kunstdünger und dem technischen Einsatz in der Landwirtschaft erhöhte sich die landwirtschaftliche Produktion ständig, bis die Produktionsgrenze erreicht wurde. Zusätzlich sicherten die anderen Agrarchemikalien, wie Pflanzenschutzmittel die Ernte vor Schädlingen. Die Ernte wurde sicherer, der Ertrag wurde um das Mehrfache größer, und der moderne Transport und die Lagerung ermöglichten die bedarfsmäßige Nutzung. Damit wurde das Ziel der Nahrungsmittelautarkie augenscheinlich erreicht. Aber der Bedarf an Nahrungsmitteln stieg noch weiter an, weil nicht nur die Menschen sich vermehrt hatten, sondern auch die Wirtschaftstiere. Noch nie lebten so viele Wirtschaftstiere auf der Welt wie in der Gegenwart. Die wachsende Zahl der Wirtschaftstiere ist eine Begleiterscheinung des Wohlstandes. Mit dem wachsenden Lebensstandard wächst der Konsum an Nahrungsmitteln tierischer Herkunft. Dieses Wachstum ist direkt mit dem Bedarf an neuem Ackerland verkoppelt. Allein aus diesem Grund werden jährlich Millionen Hektar von Urwäldern gerodet, Berge werden terrassiert, und aride Landschaften werden künstlich bewässert, um dem wachsenden Bedarf an Futter für die Wirtschaftstiere entgegenzukommen. Trotz dieser ständigen neuen Gewinnung konnte der Ackerlandbestand seit der Mitte des 20. Jahrhunderts nicht mehr mit der Bevölkerungsgröße Schritt halten. Im Vergleich zur Bevölkerungsgröße hat das Wachstum an Ackerland seit diesem Zeitpunkt stagniert bzw. das Wachstum ist rückläufig.

Entwicklung des Pro-Kopf-Ackerlandes zwischen den Jahren 1950 und 2008

Jahr	**Pro-Kopf-Ackerland** in Hektar
1950	0,46
1975	0,35
1985	0,28
1995	0,23
2008	0,20

Quelle: FAO & DYB

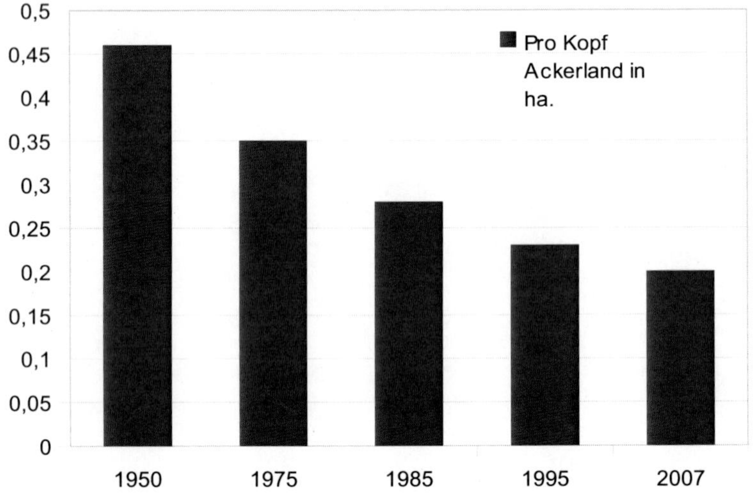

Abbildung 16: Abnehmendes Pro-Kopf-Ackerland zwischen 1950 und 2008
Quelle: FAO & DYB

Das durchschnittliche Pro-Kopf-Ackerland lag im Jahre 1950 bei 0,46 Hektar und reduzierte sich im Verhältnis zum Bevölkerungswachstum, sodass es im Jahre 2008 bei weniger als 0,20 Hektar pro Kopf liegt. Der Rückgang an Ackerland im Verhältnis zur Weltbevölkerung kann auf folgende Ursachen zurückgeführt werden:

Begrenztes fruchtbares Land

Geografisch betrachtet, besteht die Landmasse aus weniger als 30% der Erdoberfläche, die vor Beginn der Landwirtschaft auf die unterschiedlichen Naturlandschaften aufgeteilt war. Berge, Wüsten, Wälder, Steppen, Sümpfe und kalte Gebiete beherrschen die unterschiedlichen Erdlandschaften. Land für die Praktizierung der Landwirtschaft muss daraus gewonnen werden. Durch ständige und mühsame Versuche, Ackerland zu gewinnen, hat die Menschheit es gerade geschafft, etwa 11% der Erdoberfläche für die landwirtschaftlichen Zwecke nutzbar zu machen.
Das Land muss für die Praktizierung der Landwirtschaft einige Voraussetzungen erfüllen. Genügend Niederschlag, die richtigen Temperaturen für das Pflanzenwachstum, pflugfähiger Boden und Abflussmöglichkeiten sind die wichtigsten Merkmale für den Ackerbau.

Diese Voraussetzungen sind in den gesamten Flusslandschaften der Erde vorhanden. Alle alten Siedlungen mit ihren Flusslandschaften besitzen kaum noch Land, aus dem neues Ackerland gewonnen werden kann. Länder wie Brasilien mit neuen Siedlungen haben das Potential, neues Ackerland zu gewinnen, jedoch wird dieses als sehr riskant für die Umwelt bezeichnet.

Nutzung von Agrarland für die Siedlungszwecke

Die urprünglichen Siedlungen waren agrarisch. Die Städte waren ziemlich klein und von der Landwirtschaft umgeben. Die meisten alten Städte befanden sich innerhalb einer Stadtmauer, und außerhalb dieser Mauer existierten die Getreidefelder. Die Entwicklung im 19. und 20. Jahrhundert durchbrach die Stadtmauern und erweiterte die Städte über die umliegenden Getreidefelder.

In der ländlichen Siedlung befand sich das Dorf mitten im Getreidefeld. Das Wachstum der ländlichen Bevölkerung erweiterte die ländlichen Siedlungen auf die Getreidefelder. In den Städten wurde Bauland gespart, indem Häuser mit mehreren Stockwerken gebaut wurden. In den Bauerndörfern baute man dagegen nur einfache einstöckige Häuser und verbrauchte damit viel mehr Land als in den Städten. Es entwickelte sich ein neuer Trend im Wohnstil der städtischen Bewohner. Immer mehr städtische Bewöhner zogen in Einfamilienhäuser um. Ein Haus mit Gartenanlage gehörte zum modernsten Wohnstil dazu. Alle diese Einfamilienhäuser mussten auf neuem Bauland, außerhalb der Stadt, gebaut werden. Das einzige Land, das für diese Zwecke verwendet werden konnte, war das vorhandene Ackerland.

Vor Beginn des modernen Industriezeitalters, war die Zahl der städtischen Bevölkerung sehr gering bzw. unbedeutend, da fast alle Menschen, wegen der knappen Versorgung, direkt oder indirekt mit der Landwirtschft verbunden waren. Seit Beginn des Industriezeitalters wuchs die Zahl der nicht landwirtschaftlichen Bevölkerung immer weiter, und gleichzeitig stieg die Zahl der städtischen Bevölkerung ununterbrochen an.

Entwicklung der städtischen und ländlichen Bevölkerung zwischen 1950 und 2008[58]

Jahr	Städtische Bevölkerung	Ländliche Bevölkerung
1950	29%	71%
1975	39%	61%
1990	45%	55%
2000	49%	51%
2008	51%	49%

Quelle: DYB

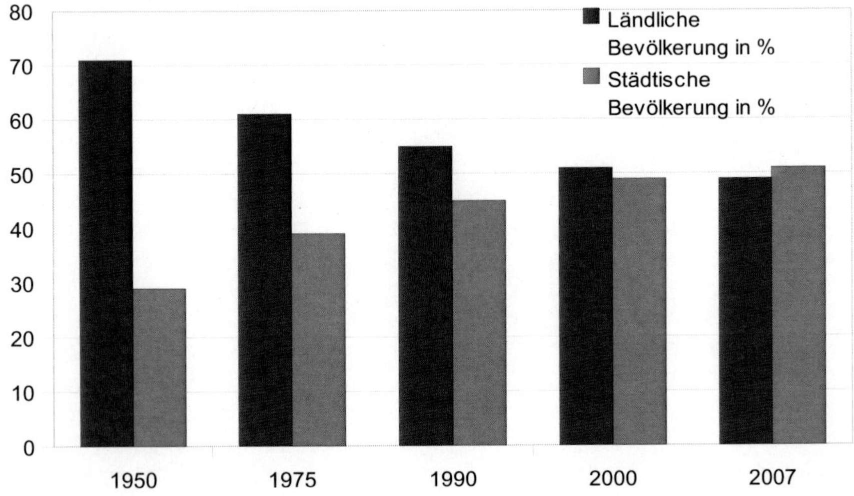

Abbildung 17: Ländliche und städtische Bevölkerung zwischen 1950 und 2008 *Quelle: DYB*

Zusammen mit den wachsenden Siedlungen wachsen auch die Einrichtungen, wie Schulen, Krankenhäuser, Bürogebäude, Märkte, Lagerhäuser, Industrie, Hotels, Ferienressorts usw. Alle diese Einrichtungen beanspruchen immer mehr Bauland, dort, wo ursprünglich Landwirtschaft praktiziert wurde. Ölraffinerien, Petrochemieindustrien, Kraftwerke etc. siedeln entlang der Binnengewässer, wo vorher erfolgreiche Landwirtschaft praktiziert wurde. Staudämme vernichten tausende Hektar von Ackerland und vertreiben Millionen von Siedlungen, die wiederum irgendwo auf Ackerland neue Siedlungen bauen.

Nutzung von Agrarland für die Verkehrsinfrastruktur

Ein bedeutender Anteil der modernen Siedlung ist die Verkehrsinfrastruktur. Außer den Privathäusern können die gesamten öffentlichen Einrichtungen als Infrastruktur bezeichnet werden, und die Verkehrsinfrastruktur ist die bedeutendste von ihnen. Weltweit durchqueren über eine Million Kilometer Eisenbahnnetze die Landschaften und ziehen sich durch Millionen Hektar wertvollen Ackerlandes. Eisenbahneinrichtungen, wie Bahnhöfe, Zugstellplätze, Güterhäuser etc. verwenden Ackerland für deren Bau und Erweiterungen. Das Straßennetz gehört zu dem bedeutendsten Verbindungsnetz der modernen Welt. Über 30 Millionen Kilometer Autostraßen durchqueren die Welt. Zusätzlich benötigen die Einrichtungen, wie Parkplätze, Rastplätze, Werkstätten etc. ebenfalls noch Millionen Hektar Land. Ein großer Anteil dieser Einrichtungen befindet sich auf ehemaligem Ackerland. Überseehäfen, Binnenhäfen und deren Erweiterungen benötigen zusätzliches Ackerland. Start- und Landebahnen und Flughäfen beanspruchen ein sehr großes Areal am Rande einer Großstadt.

Anhand einer Untersuchung wird der Verlust an Ackerland durch diese Art Erweiterungen einer Großstadt bei 2% im Jahr liegen, aber der Ernteverlust dadurch wird viel höher sein, weil sich die meisten Städte der Welt auf sehr fruchtbarem Land befinden.[59] Die Erweiterung der Großstädte bedeutet gleichzeitig die erweiterte Nutzung von fruchtbaren Ländereien für nichtlandwirtschaftliche Zwecke.

Naturkatastrophen und sonstige Ursachen

Naturkatastrophen, wie Wüstenbildung, Dürre, Überschwemmung, Sturmflut, Vulkanausbruch etc. vernichten jährlich Millionen Hektar an Ackerland. Landverlust durch Wüstenbildung ist ein alljährliches Phänomem, und in den letzten 30 Jahren waren die Schäden erheblich groß. Von diesen typischen Ereignissen sind alle Kontinente betroffen. Verbreitete Gebiete in der Sahel-Zone Afrikas und die Gobiwüstengebiete in der VR China sind die am schwersten betroffenen Gebiete. Zweidrittel des afrikanischen Kontinents besteht aus Wüste und ariden Landschaften. Gleichzeitig sind dreiviertel des vorhandenen extensiven landwirtschaftlichen Trockenlandes weitgehend von der Wüstenbildung betroffen.[60]

Das Phänomen der Wüstenbildung bedeutet, dass die Wüste sich an den Randgebieten ausdehnt. In den Randgebieten befinden sich vorwiegend dornige Gewächse, die die Verbreitung des Wüstensandes verhindern. Zunehmende Tierzucht, besonders Ziegenzucht, die die gesamte Wüstenflora kahlfrisst, tragen erheblich zur verheerenden Wüstenbildung bei.

Die Dürre ist ein anderes Trockenheitsphänomen, verursacht durch Niederschlagsmangel, austrocknen von Seen, Flüssen oder durch den Rückgang des Grundwasserspiegels. Periodische Ereignisse wie der El Nino[I] entwickeln einen globalen Ozean-atmosphärischen Ablauf und verursachen in einem Intervall von 3 bis 8 Jahren extreme Dürre.
Vulkanausbrüche vernichten über weite Gebiete die Landschaft mit Schlammlawinen. Erdrutsche, verursacht durch heftige Regenfälle, verbreiten steinige Schlammmassen besonders in den Gebieten des Terrasenanbaus. Hochwasser und Überschwemmungen sind alljährliche Phänomene in fast allen Flusslandschaften der Welt. Die Ufer der Flüsse gelten als fruchtbares Land, wo die Bauern die Nahrungsmittel produzieren. Bei heftigem Regen und beim Schmelzen von Gletschern in den hohen Bergen überschwemmen die Ufergebiete, was als Katastrophe bezeichnet wird. Sturmfluten in den Küstengebieten überschwemmen das Ackerland, und dadurch entstehen Bodenversalzungen. Erdbeben verursachen Bodenverflüssigungen, indem das Ackerland in sandiges und wässriges Land umgewandelt wird. Gletscherläufe entleeren plötzlich einen unter dem Gletscher befindenden See, und dadurch entsteht eine plötzliche Überschwemmung.
Die Ursachen des Ackerlandverlustes haben einen vielfältigen Hintergrund. Überdüngung und intensive Landwirtschaft führt oft zu Landerosion, künstliche Bewässerung führt zu Landversalzung, und Müll aller Art, der durch die Industrie produziert wird, beeinträchtigt die Bodenfruchtbarkeit. Durch Erosion geht die Bodenfruchtbarkeit zurück, und schließlich wird der Boden für die Landwirtschaft unnutzbar. Durch intensive Pflügung, Sumpfbildung, Abholzung etc. beginnt das Land zu erodieren. Durch die ständige Nutzung von Künstdünger und Pflanzenschutzmittel verliert die Humusschicht der Erde die natürlichen Nährstoffe, und schließlich ist die Erde der Erosion preisgegeben. Durch künstliche Bewässerung steigt die Versalzungsgefahr und die Steigung des Grundwasserspiegels, wodurch das bewässerte Ackerland die Fruchtbarkeit verliert.[II]
Die wachsenden Bestände der Wirtschaftstiere beanspruchen zunehmend Weideland. Die Weidelandwirtschaft wird von den feucht warmen bis zu den semiariden Gebieten in allen Kontinenten praktiziert. Die Herdbestände

[I] El Nino ist eine globale ozean-atmosphärische Naturerscheinung, die durch Temperaturschwankungen im östlichen Pazifizischen Ozean unperiodisch auftreten und unregelmäßige Wetterveränderungen verursachen.

[II] Bei künslicher Bewässerung wird hauptsächlich das Wasser aus einem Fluss oder See abgeleitet, um die entsprechenden Ländereien zu bewässern. Dieses Wasser erhöht ohne fließende Kanalisation den Grundwasserspiegel bis um einige Zentimeter unterhalb der Oberfläche. In diesem Zustand verdunstet das Grundwasser durch die Erdoberfläche und hinterlässt Mineralien in Form von Salz auf der Erdoberfläche. Eine höhere Salzkonzentration verhindert das Pflanzenleben und schließlich wird das Land für die praktizierende Landwirtschaft aufgegeben. Außerdem wird durch die Steigung des Grundwasserspiegels das Wachstum der Pflanzen mit tiefen Wurzeln verhindert.

degradieren die Graslandschaft, Steppenlandschaft, Busch- und Dorngewächse, indem sie sich ständig vermehren und die in der Natur gewachsene Flora wegfressen. Aus diesem Grund wurden viele der semiariden Gegenden zur ariden Landschaft und Steppenlandschaft umgewandelt.

Die Voraussetzungen zur Entwicklung des Ackerlandes

Die Voraussetzungen für die Gewinnung von neuem Ackerland sind weitgehend erschöpft. Die noch gebliebenen Optionen sind Landgewinnung durch künstliche Bewässerung in der Wüste, Terrassenbau in den Berghängen und das Abholzen der Tropenwälder. Die Bewässerung in Wüstengebieten ist hauptsächlich von einem durchquerenden Fluss wie in Ägypten der Nil abhängig. Die sonstigen Optionen der Wüstenbewässerung wie das Abpumpen von tiefem Grundwasser und Entsalzung des Meerwassers, sind sehr kostspielig und langfristig unrentabel. Der Terrassenbau in den Berghängen wird in Ländern wie Indonesien, VR China, Nepal etc. im fortgeschrittenen Maße praktiziert. Zunehmende Katastrophen, wie Erdrutsch, Gletscherleerlauf etc. vernichten jährlich viele dieser Terrassenlandwirtschaften. Häufig sind die Terrassen in den Berghängen nicht gut befestigt. Durch stärkere Regenfälle wird die Humusschicht dieses Ackerlandes oft weggespült. So tragen z.B. die Flüsse von Nepal jährlich 240 Millionen Kubikmeter Humuserde aus dem Land weg durch die Flüsse ins Meer.[61]
Die Abholzung der Tropenwäder in den warmen Flusslandschaften bleibt die nächste mögliche Alternative. Ein vorstellbarer gefährlicher Standort für dieses Vorhaben ist das Amazonasgebiet Brasiliens. Jährlich werden Millionen Hektar Land durch die Abholzung in diesem Territorium gewonnen und schließlich Cashcrop wie Soja für den Export angebaut. Wenn die Landgewinnung durch die Abholzung im Amazonasgebiet im gegenwärtigen Verlauf fortgesetzt werden würde, würde die gesamte Landschaft in einigen Jahrzehnten sicherlich so aussehen, wie alle anderen Flusslandschaften der traditionellen Siedlungen im euro-asiatischen Raum.
Die verbliebenen Möglichkeiten, neues Ackerland zu gewinnen, sind die ehemaligen landwirtschaftlichen Nutzflächen der Industrienationen, die wegen der sogenannten Überproduktionen stillgelegt wurden. Eine Wiederaufnahme dieser Brachlandschaften können nur einen geringfügigen Beitrag für die Erweiterung der landwirtschaftlichen Nutzflächen leisten, was wiederum mit einem erheblichen finanziellen Aufwand, in Form von staatlichen Subventionen, verbunden ist.

Wasser für die Landwirtschaft

Der Nahrungsmangel war eine Begleiterscheinung für die Menschheit im Altertum. Hunger und Unterernährung wuchsen parallel in den Städten und Dörfern. Die Ursachen der traditionellen Hungersnöte lagen primär an Ernteausfällen, verursacht durch eine Dürre. Die Bewässerung der Landwirtschaft war allein vom Regen abhängig. Frühregen, Spätregen, wenig Regen, zuviel Regen – alles hatte seinen Einfluss in der Landwirtschaft. Der Anbau eines bestimmten Nahrungsmittelproduktes war von der Jahreszeit abhängig, aber der nötige Regen dafür war nicht immer bedarfsgemäß da. Zu früh einsetzender oder verspäteter Regen hatten die Ernte vernichtet und verheerende Hungernöte ausgelöst.
Das Bild des Grauens änderte sich langsam, als ab dem 20. Jahrhundert eine moderne Art künstlicher Bewässerung der Landwirtschaft allmählich zustande kam. Bewässerung durch Kanäle verbesserte die Landwirtschaft, um die Erträge zu erhöhen und die Ernte zu sichern. Die landwirtschaftliche Produktion aus den bewässerten Feldern ist sicherer und ertragsreicher geworden. Aus diesem Grund nimmt die künstliche Bewässerung weltweit rapide zu. Von ca. 1,4 Milliarden ha Gesamtackerfläche werden etwa 20% bzw. 277 Millionen ha Land künstlich bewässert. Aber diese 20% bewässerte Landwirtschaft liefert über 40% der Welt-Nahrungsvorräte.[62]

Ressourcen der landwirtschaftlichen Bewässerung

Das Ackerland ist begrenzt, und der Regen bzw. das Frischwasser ist begrenzt.[I] In diesem Zusammenhang sind die Flüsse die einfachste Quelle für die Frischwassergewinnung, weil die Flüsse fast überall vorhanden sind und man sich nur in der Nähe des Flusses aufzuhalten braucht. Allein aus diesem Grund fanden die meisten ältesten Siedlungen an einem Flussufer statt. Diese uralte Wasserquelle der Menschheit verwandelt sich zu einem großen Verhängnis im industriellen Zeitalter. Industrie, Landwirtschaft und Haushalte benutzen das Flusswasser und verwenden es gleichzeitig als

[I]Wasserbestand der Erde

Ozeane	97,24%	
Gletscher und Polareis	2,14%	
Grundwasser	0,61%	
Süßwasserseen	0,009%	
Teiche	0,008%	
Erdfeuchtigket	0,005%	
Luftfeuchtigkeit	0,001%	
Flüsse	0,0001%	
Gesamtmenge	100%	(U.S. Geographical Survey)

Abflusskanal. Die meisten Flüsse der Welt, die die bevölkerungsreichen Siedlungen durchqueren, sind verschmutzt, und viele sind biologisch tot. Viele der bedeutenden Flüsse werden mit Talsperren und Dämmen blockiert und abgeleitet. So wird das Ökosystem vernichtet, und kriegerische Auseinandersetzungen zwischen den Nationen werden verursacht.

Regen, geschmolzene Gletscher und Schneemassen aus den Bergen fließen bergabwärts, bilden kleinere Rinnsale, Bäche, kleinere Flüsse, und schließlich bilden sie größere Ströme. Wenn die Flüsse das Flachland erreichen, fließen sie schlangenförmig, bewässern eine große Landschaft, und schließlich münden sie in einem See oder im Meer. Alle Vegetationslandschaften der Erde sind von Flüssen konzipiert worden. Aus diesem Grund kann der Begriff Landschaft in Flussschaft umbenannt werden.

In der Regenzeit bringen die Flüsse größere Mengen an Wasser, überschwemmen die Uferlandschaften und verteilen größere Mengen an Nahrung für die Flora und Fauna. Migration, Wanderung, Ernährung, Wachstum, Fortpflanzung sind damit verbundene Erscheinungen des Ökosystems. Die Flüsse tragen Millionen Tonnen Sedimente mit sich, verteilen diese im Uferbereich, bilden Deltas in den Flussmündungen, und schließlich werfen sie die Sedimente ins Meer. Die Rolle eines Flusses ist damit nicht nur, das Regenwasser ins Meer zurückzubringen, sondern auch das Regenwasser in der Landschaft zu verteilen und die Vegetation zu ermöglichen.

Die natürliche Rolle des Flusses reicht nicht aus, um eine zivilisierte Welt mit ständigem Bevölkerungs- und Wirtschaftswachstum mit Wasser zu versorgen. Für die zusätzliche Nahrungsmittelproduktion muss zusätzliches Wasser für die Landwirtschaft verwendet werden, und aus diesem Grund werden die Flüsse in Anspruch genommen. Seit Anfang der zweiten Hälfte des 20. Jahrhunderts werden weltweit die Flüsse immer häufiger für die landwirtschaftlichen Zwecke verwendet.

Zwischen dem Fern- und Nahosten leben über 70% der Weltbevölkerung, aber weniger als 40% der Flüsse durchqueren diese Region. Hier befinden sich die ältesten nachweisbaren Siedlungen der Erde. Die vorhandenen Wasserquellen aus den schmalen Flüssen, Bächen oder Brunnen waren ausreichend. Die Bevölkerung war klein, und das Wachstum der Bevölkerung war Jahrtausende lang sehr niedrig. Das lag an der hohen Geburten- und Sterberate, an periodischen Epidemien, periodischen Hungersnöten, Naturkatastrophen, Kriegen und Auswanderungen.

Durch die Verbesserung der sozioökonomischen Lage änderte sich das traditionelle Leben allmählich. Die fatalen Krankheiten wurden bekämpft, die Nahrungsmittelversorgung wurde verbessert, und das Bevölkerungswachstum stieg kontinuierlich an. Innerhalb des letzten halben Jahrhunderts wuchs die Bevölkerungszahl in diesem Raum von einer Milliarde auf vier Milliarden an. Hinzu kommen neue Wasserverbraucher, wie die Industrie, die moderne Landwirtschaft und die Haushalte mit angeschlossener Kanalisation. Der neue Wasserverbrauch beansprucht das Tausendfache mehr an Wasser als der traditionelle Haushalt. Die natürlichen Wasserquellen dieser Region haben sich nicht nach dem Bedarf vermehrt, sondern durch die erhöhte Nutzung eher verringert, und die Wasserqualität hat sich verschlechtert.

Über 60% der größeren Flüsse der Welt befinden sich in sehr dünn besiedelten bis nicht besiedelten Gegenden. Flüsse, wie Yukon, Mackenzie, Ob, Yenisey, Lena, Kolima gehören zu den größten Flüssen der Welt, aber sie befinden sich in der Umgebung des Polarkreises (oberhalb 60° N) und sind deshalb für die landwirtschaftliche Bewässerung ohne Bedeutung. Es sind kaum Siedlungen am Ufer dieser Flüsse vorhanden, und wegen der Dauerkälte wird dort keine Landwirtschaft praktiziert.

Der Amazonas in Brasilien läuft fast entlang des Äquators. Die durchschnittliche Temperatur ist über 30° C, sehr gut für das landwirtschaftliche Wachstum. Der Amazonas beinhaltet 15% des gesamten Flusswassers der Welt und 90% des gesamten Binnenwassers Brasiliens. Aber nur 15% der brasilianischen Bevölkerung lebt im Amazonasgebiet (Nord- und Zentralregionen). Nur 10% der Binnengewässer sind dort vorhanden (Nordost und Südost), wo 85% der Bevölkerung leben und 91% des Wasserbedarfs vorhanden sind.[63] Naturkatastrophen, wie Überschwemmungsgefahren haben die Besiedlung und direkte Nutzung des Wassers aus dem Amazonas für die Landwirtschaft schwer zugänglich gemacht. Das Gleiche gilt für andere größere Flüsse, wie dem Porana in Argentinien, dem Niger in Nigeria, dem Fluss Kongo in Kongo, dem Zambei in Sambia etc. in den wärmeren Regionen der Welt, wo hauptsächlich Urwälder existieren.

Andererseits haben die Flüsse Murray und Darling in Australien die Landwirtschaft im Südosten des Landes ermöglicht. Murray und Darling sind die einzigen neu entdeckten Flusssysteme, die eine großartige Landwirtschaft bewässern. Australien ist der trockenste Kontinent. Dieser riesige Kontinent besitzt weniger als 6% der Gesamtfläche als landwirtschaftliche Nutzfläche. Sonst besteht dieser Kontinent hauptsächlich aus ariden und subariden Regionen. Der durchschnittliche Niederschlag liegt bei 469 mm im Jahr. Trotzdem ist Australien der größte Pro-Kopf-Wasserverbraucher der Welt, und über 73% dieses Wasserverbrauchs wird für die Landwirtschaft genutzt.[64] Frischwasserquellen sind sehr selten, und deshalb fließt weniger als 12% des Regenniederschlags in die Flüsse oder in andere Binnengewässer. Die Hauptströmungen von Australien, die das Land mit enormen Mengen an

Wassser für die Landwirtschaft versorgen, sind das Flusssystem Murray-Darling im Süden des Landes. Nur 20% des Wasserverbrauchs Australiens stammt aus dem Grundwasser.[65]

Die Getreideproduktion in Australien, mit über 1100 kg pro Kopf, ist eine der höchsten der Welt. Ohne die künstliche Bewässerung durch die Flüsse Murray und Darling wäre die Praktizierung der Landwirtschaft in New South Wales und South Australia, die mit ihren Produkten den Weltmarkt versorgen, unmöglich gewesen.

Der Nil in Ägypten ist ein typisches Beispiel der Besiedlung in Abhängigkeit von einem Fluss. Ägypten ist 1 Mio. km² groß, aber die 75 Mio. Einwohner des Landes bzw. über 99% der Gesamtbevölkerung leben nur auf 4% des Landes, wo der schmale Nil durchfließt. Der Nil ist die einzige Wasserquelle Ägyptens, und die gesamte Landwirtschaft ist auf diese Quelle angewiesen. Das Gleiche gilt für die Flüsse, wie Euphrat und Tigris, in der Türkei, im Irak und in Syrien. Hier existieren keine Urwälder. Vielleicht existierten hier Urwälder, wie beim Amazonas, Porana, Kongo oder Zambei, und die Siedlungen haben die Wälder vertrieben und zu einer kahlen und trockenen Landschaft umgewandelt.

Die USA, als der größte Produzent der landwirtschaftlichen Erzeugnisse, besitzt 18% der gesamten Landfläche als Ackerland. Etwa 20% dieser Ländereien werden künstlich bewässert. Für diese Bewässerungszwecke werden eine Million Kilometer Flüsse blockiert und über 75.000 Dämme gebaut.

Besondere Aufmerksamkeit gewinnt in dieser Hinsicht die Volksrepublik China, die ihre Flüsse im großen Stil für diese Zwecke in Anspruch nimmt. Die Gesamtfläche Chinas beträgt 9.561.000 km² mit einer Bevölkerung von 1,4 Milliarden Menschen. Etwa 70% der Landfläche besteht aus kaltem Hochland, Gebirge und Wüste. Das geschätzte Ackerland beträgt weniger als 14%, und in der Gegenwart umfasst das vorhandene Ackerland 95 Millionen Hektar Land bzw. weniger als 10% der gesamten Landfläche. Über 70% des Ackerlandes in China wird künstlich bewässert, und über 50% der künstlichen Bewässerung fand in den letzten 10 Jahren statt.

China besitzt mehr als 50.000 Flüsse, die ein Einzugsgebiet von über 100 km², und etwa 1500 Flüsse, die ein Einzugsgebiet von über 1000 km² beanspruchen.[66] Durch die intensive und erhöhte Nutzung des Grundwassers ist in manchen Orten der Grundwasserspiegel jährlich um 1 bis 2 Meter zurückgegangen. Als einzige Alternative wurden die Flüsse seit den 80er Jahren des 20. Jahrhunderts immer mehr in Anspruch genommen, und daraus resultieren die großen Staudammprojekte der Welt.

Bisher hatte China weit über 22.000 größere Staudämme gebaut. Größere Staudämme sind die Staudämme, die über 15 Meter hoch sind und manchmal eine Höhe von bis zu 300 Metern erreichen. Weltweit werden

die größeren Staudämme auf über 45000 geschätzt, und davon befindet sich die Hälfte in der VR China.[I] Schätzungsweise besitzt China 85000 Staudämme und Stauseen und einige Millionen kleinere und lokale Wasserverteilungssysteme. Über 99,9% der größeren Staudämme Chinas wurden nach der Kulturrevolution von 1949 gebaut. 74% des Frischwasserverbrauchs werden allein für die landwirtschaftliche Bewässerung verwendet.[67] Aus diesem Grund des Wasserverbrauchs wurden alle Flüsse Chinas ständig und mehrfach in Anspruch genommen.
Ein Staudamm zerstört einen wilden Fluss, indem dieser unter Kontrolle gebracht wird. Die natürliche Überschwemmung wird dadurch verhindert, die wiederum als jährliche Bewässerung der umliegenden Landschaft dient. Denn durch die Wochen bis Monate andauernden Überschwemmungen wird der Grundwasserspiegel erhöht. So kann die Pflanzenwelt gebietsweise ohne Regen bis zur nächsten Überschwemmung überleben. Eine Verhinderung dieser Überschwemmung wirkt sich auf den Lebenszyklus der Flora und Fauna aus und zerstört damit das Ökosystem. Zwischen dem Meer und dem Fluss sind immer Fischmigrationen vorzufinden. Für die Fische sind die Migrationen von großer Bedeutung, da sie diese für Fortpflanzung und Wachstum, inklusive Nahrungssuche brauchen, und andererseits sind für die Tierwelt die Fische als Nahrung von großer Bedeutung. Die Staudämme zerstören diesen Kreislauf, indem die Fischmigrationen verhindert werden.
Flüsse tragen Millionen Tonnen Sediment, verteilen dieses am Ufer, und gleichzeitig bilden sich Deltagebiete, wodurch unzählbare Floren und Faunen ihre Heimat finden. Die Staudämme verhindern den Sedimentfluss und das Leben am Ufer und in den Deltagebieten. Ebenfalls leiden viele Deltagebiete an Sedimentmangel, welcher durch Staudämme verursacht wurde. Das bedeutet, die Deltas werden vom Meer immer weiter abgebaut und sind somit zum Sterben verurteilt.

Fluss und Fleisch

Die Menschheit hatte nicht vorgehabt, das Flusswasser derartig zu nutzen wie in der Gegenwart. Die gegenwärtige Nutzung des Flusswassers hat nicht viel mit der menschlichen Ernährung zu tun, sondern eher mit der Fütterung der Wirtschaftstiere. Die moderne Art der künstlichen Bewässerung und die damit verbundene Futtermittelproduktion, Tierhaltung und der Fleischkonsum sind miteinander verbundene Faktoren. Die Fütterung der Wirtschaftstiere mit Getreide und Hülsenfrüchten ist eine

[I] Weil China die größten Kohlevorkommen der Welt besitzt, produziert es 80% seines elektrischen Strombedarfs aus Kohlekraftwerken, die eine enorme Nachwirkung im Bereich der Luftverschmutzung und der allgemeinen Umweltverschmutzung verursachen. Die zunehmende Stromproduktion aus Staudämmen liefert in der Gegenwart 19% des gesamten Strombedarfs und in ferner Zukunft hat China das Ziel diesen Anteil aus der Wasserkraft auf über 40% zu erhöhen.

parallele Entwicklung zur Blockierung des Flusses, um die künstliche Bewässerung zu ermöglichen. Ab den 50er Jahren des 20. Jahrhunderts wurden weit über 90% der weltweiten Staudämme gebaut, und ab diesem Zeitpunkt wurden weltweit die Wirtschaftstiere allgemein für den Fleischbedarf gezüchtet.

Verseuchung des Trinkwassers

Durchschnitlich werden über 70% des Frischwasserverbrauchs nur für die landwirtschaftlichen Zwecke verwendet. Die moderne Landwirtschaft verwendet bis zu 70% der pflanzlichen Erzeugnisse für die Produktion von Nahrungsmitteln tierischer Herkunft. Aus diesem Grund kann für die Verseuchung des Trinkwassers zum erheblichen Teil die Tierhaltung verantwortlich gemacht werden. Laut der Weltgesundheitsorganisation WHO sterben jährlich Millionen von Menschen an Infektionskrankheiten, verursacht durch Trinkwasserverseuchung. Kontaminiertes Wasser enthält physische, mikrobische und chemische Anteile. Den physischen Anteil bilden sichtbare Materien, organischer und anorganischer Substanzen. Die mikrobischen Inhalte bestehen aus verschiedenen pathogenen Viren, Bakterien, Trematoden etc. und verursachen Krankeiten, wie Cholera, Typhus oder Diarrhoe.[I] Die chemischen Kontaminationen bestehen aus in der Natur vorkommenden Elementen und aus Industriechemikalien, wie chemische Abfälle oder Agrarchemikalien. Hier ist die Verunreinigung des Frischwassers und dessen erhöhte Nutzung direkt mit der Praktizierung der Landwirtschaft und Tierhaltung verbunden. Als Resultat wurde der Verbrauch vom natürlichen Trinkwasser auf industriell hergestelltes Flaschenwasser umgestellt, was wiederum weltweit eine zunehmende totale Abhängigkeit verursacht und gleichzeitig die Umwelt mit Transport und Kunstoff belastet.

Das Getreide als primäres Futtermittel

Das primäre Futtermittel für die Wirtschaftstiere besteht aus Gras, Blättern, Büschen, Pflanzenresten und landwirtschaftlichen Abfällen, die in der traditionellen Tierhaltung üblich sind. Dieses natürliche Futter ermöglicht den Wirtschaftstieren eine normale biologische Entwicklung, indem das Tier auf natürliche Art und Weise wächst, sich entwickelt, keine schnelle

[I]Folgende pathogene Mikroorganismen gehören zu den bekanntesten: Bakterielle: E. Coli; Legionella; Salmonella Typhimurium; Shigella;Vibrio Cholera. Viren: Adenoviruse; Enteroviruse; Hepatitis A; Hepatitis E; Rotavirus. Protozoon – Einzeller: Acanthamöbe; Cryptospordium; Cyclospora; Entamöbe; Giardia; Nägleria; Toxoplasma. Helminthische Pathogene – Eingeweidewürmer: Dracunculus medinensis; Fasciola. Q: WHO; Water Related Diseases, Geneva 2009

Fleischbildung zustande kommt und es ein langes Leben führt. Es ist den Menschen bewusst geworden, dass die Wirtschaftstiere die gleichen pflanzlichen Nahrungsmittel konsumieren wie der Mensch und dabei große Mengen an Fleisch liefern. Aus diesem Grund wurde angefangen, die Tiere mit dem wichtigsten Nahrungsmittel zu füttern.

Das Getreide ist die wichtigste und bedeutendste Nahrung für die Weltbevölkerung. Auf mehr als 50% des weltweiten Gesamtackerlandes wird Getreide angebaut. Die Hauptsorten sind Weizen, Reis und Mais. Noch hinzu kommen Roggen, Hafer, Gerste und verschiedene Hirsesorten. Die ersten drei Sorten machen über 75% der Gesamtgetreideproduktion aus. Das Getreide in den Industrieländern wird vorwiegend an die Wirtschaftstiere verfüttert. Bei dieser Art Umwandlung von pflanzlicher Nahrung zu tierischer Nahrung, gehen bis zu 90% der pflanzlichen Nahrung verloren. Allein aus diesem Grund ist der durchschnittliche Getreidekonsum der Industrieländer pro Kopf über das Fünffache höher als der Getreidekonsum der Entwicklungsländer. Für die Produktion von Fleisch-, Eier- und Milchprodukten verbrauchen die Industrienationen durchschnittlich pro Kopf 700 kg Getreide. Dazu kommt noch 300 kg Getreide pro Kopf für die Herstellung von Nahrungsmitteln, wie Brot, Nudeln oder Getränke. Insgesamt verbrauchen die Industrieländer pro Kopf über 1.000 kg Getreide im Jahr.[68]

Im Jahre 1950 lag die Welt-Getreideproduktion bei 664 Millionen Tonnen. Das damalige Getreide für die drei Milliarden Menschen war nicht ausreichend, und es wurde wenig Getreide an die Wirtschaftstiere verfüttert. Der Bedarf an Getreide orientierte sich bis zum Ende der 60er Jahre vorwiegend am Nahrungsmittelbedarf. Nur wenige Länder, wie die USA, Kanada, Australien und begrenzte Länder in Europa verwendeten das Getreide als Futtermittel. Seit Beginn der 70er Jahre stieg dieser Bedarf an Getreide als Futtermittel in den Industrieländern allmählich an und trennte sich von der Abhängigkeit von den traditionellen Futtermitteln. Ab Anfang der 80er Jahre wurde das Getreide primär als Futtermittel etabliert und damit intensiv auf dem Binnen- und Weltmarkt gehandelt.

Die Steigerung der Getreideproduktion lag am Trend der Fleischproduktion, die seit Beginn der zweiten Hälfte des 20. Jahrhunderts an Intensität gewann. Die schnelle Getreideproduktion belief sich bis zu Beginn der 90er Jahre auf ein durchschnittliches Jahreswachstum von über 3%. Anschließend ist das durchschnittliche Jahreswachstum bis zum Jahre 2005 auf weniger als 1% gesunken. Als Resultat sind die Getreidepreise in diesem Zeitraum durchschnittlich um über 3% gestiegen.

Die Produktionssteigerung an Getreide fand zuerst in den Ländern statt, wo die Fleischproduktion sich rasch entwickelte. Die Pro-Kopf-Getreideproduktion der bevölkerungsreichen Länder Asiens lag unter dem Weltdurchschnitt von 350 kg. Dies ist der entscheidende Hinweis darauf, dass hier immer noch das Getreide nicht als gewöhnliches Futtermittel verwendet wird. Aus diesem Anlass ist die Pro-Kopf-Fleischproduktion dieser Länder ebenfalls sehr niedrig. Die Nutzung des Getreides als Futtermittel oder als Nahrung ist weitgehend von der Getreidesorte abhängig, die gezielt für die jeweiligen Zwecke angebaut wird.

Reis

Reis ist die Grundnahrung für über zwei Milliarden Menschen in Asien und eine ständig zunehmende Grundnahrung in Afrika und in anderen Entwicklungsländern. Insgesamt konsumieren über die Hälfte der Weltbevölkerung Reis als den wichtigsten Kalorienlieferanten. Der Reisanbau beschäftigt weltweit über eine Milliarde Menschen, und über 80% der Welt-Reisernte stammt von Kleinbauern.[69]
Der Reis ist primär für die menschliche Nahrung produziert. 90% der weltweiten Reisproduktion gilt als Nahrungsmittel. Rund 5% sind Abfälle, 3% wird als Saatgut und nur 2% werden für Futtermittelzwecke verwendet. [70] Allerdings, angesichts des wachsenden Fleischkonsums in den Haupt-Reisanbauländern, kann diese Grundnahrung in absehbarer Zeit zum Futtermittel umgewandelt werden. Diese Gefahr ist besonders groß, wenn die Fleischproduktion auch für den Exportbedarf in die Haupt-Reisanbauländer in Asien verlagert wird.

Weizen

Wegen der Beständigkeit gegen Hitze sowie Kälte wird die Getreidesorte Weizen fast in allen Ländern angebaut. Parallel mit dem Reis ist der Weizen das bedeutendste aller Grundnahrungsmittel der Weltbevölkerung. Im Jahre 2005 betrug die Welt-Weizenproduktion 607.045.683 Tonnen. Davon wurden 415.800.300 Tonnen für den menschlichen Verzehr verwendet. Die restlichen 191.245.383 Tonnen wurden vorwiegend als Futtermittel eingesetzt.[71] Es sind hauptsächlich die Industriestaaten, die 30 bis zu 70 Prozent ihrer Weizenernte als Futtermittel verwenden.

Mais

Mais wird, ähnlich wie Weizen, in allen Ländern, mit vorhandenem Ackerland, angebaut. Der Maisanbau in den sogenannten Entwicklungsländern bezweckt die menschliche Ernährung, in den Industrieländern dient Mais primär als Futtermittel. Produktionsmäßig nimmt Mais die erste Stelle, vor Reis und Weizen, ein, aber bedeutungsmäßig, als menschliche Ernährung, steht dieses Getreide allerdings auf dem dritten Platz. Aus der Gesamtproduktion von 784.786.560 Tonnen im Jahre 2007 wurden 638.816.260 Tonnen Mais für Nichtnahrungszwecke verwendet. Insgesamt über 75% der Maisernte wurde als Futter eingesetzt.

Die Leguminosen als Futtermittel

Die Leguminosen bzw. Hülsenfrüchte gehören zu den ältesten Kulturfrüchten, die auf kleinen Flächen große Erträge liefern. Die meisten der Leguminosen benötigen keinen industriellen Kunstdünger, weil sie durch eine Symbiosefunktion mit den vorhandenen Rhizobien[I] mit organischen Proteinen versorgt werden, die direkt mit dem Stickstoff aus der Luft gewonnen werden. Sie werden für den menschlichen Verzehr, als Futtermittel und auch für pharmazeutische Zwecke angebaut. Für Nahrungszwecke produzierte Leguminosen sind primär Trockenfrüchte, wie Erbsen, Linsen, Kichererbsen, die einen hohen Proteingehalt von bis zu 25% und Kohlenhydrate zwischen 60-70% beinhalten. Gleichzeitig beinhalten Ölfrüchte, wie Raps, Sesam oder Soja hohe Anteile an Fetten. Die als Tierfutter angebauten Leguminosen sind von unterschiedlicher Art, die als ganze Pflanze wie Alfalfa konsumiert werden, oder es werden nur die Früchte als Trockenfutter verwendet. In den Entwicklungsländern werden die Leguminosen als bedeutende Proteinlieferanten für die tägliche Nahrung verwendet. Dagegen werden in den Industriestaaten immer mehr Leguminosen als Futterzusatz angewendet. In Europa werden sogar die Erbsen, die ein bedeutendes Nahrungmittel für die Menschen waren, mittlerweile zunehmend an die Wirtschaftstiere verfüttert. In der Europischen Union liegt die Fütterung von Erbsen an Zuchtschweine manchmal bei 40%. Im normalen Durchschnitt werden 10% Erbsen mit dem Futter vermischt.[72] Kanada ist der weltgrößte Erbsenexporteur, der in zwei Variationen exportiert. Die eine Variation sind die Nahrungserbsen für den indischen Subkontinent und die andere die Futtererbsen für die Europäische Union.[73]

[I]Bekannt als Knöllchenbakterien, sind häufig verbreitete Bodenbakterien, die auch frei beweglich sind. Die Rhizobien können nicht alleine die Stickstoffe aus der Luft gewinnen und brauchen deshalb eine Bleibe bzw. eine Unterstützung, wie die Leguminosen.

Weltproduktion an wichtigsten Leguminosen für das Jahr 2007

Leguminose	Produktion in Tonnen
Soja	216.144.262
Raps	49.479.378
Getrocknete Bohnen	22.658.080
Erbsen	11.288.570
Linsen	9.497.570
Gelberbsen	8.370.820

Quelle: FAO

Mengenmäßig ist Soja die bedeutendste von allen weltweit angebauten Leguminosen, die als Nahrungsmittel und als Futtermittel eine große Verwendung finden. Soja wird in der Regel nicht direkt als Futter verwendet, sondern es wird aus dieser Frucht zuerst Öl gewonnen und anschließend werden die Pressrückstände als proteinhaltige wertvolle Futtermischung eingesetzt. Neben den wichtigsten Getreidesorten gilt Soja als das besondere Futtermittel. Die ursprünglich aus Asien stammende Hülsenfrucht wurde hauptsächlich als Ölfrucht für die Speiseölgewinnung und zusätzlich als Nahrungsmittel für den direkten Verzehr angebaut. Aus diesem Grund wurde in vielen Ländern, außerhalb Asiens, Soja in großen Massen angebaut. Aufgrund der hohen Ölanteile (25%) und Proteine (36%) ist Soja sowohl für die menschliche als auch für die tierische Ernährung sehr geeignet. Ein besonderes Produkt, das aus der Sojabohne gewonnen wird, ist das Speiseöl. Über 50% des Welt-Speiseöls wird aus Soja gewonnen.

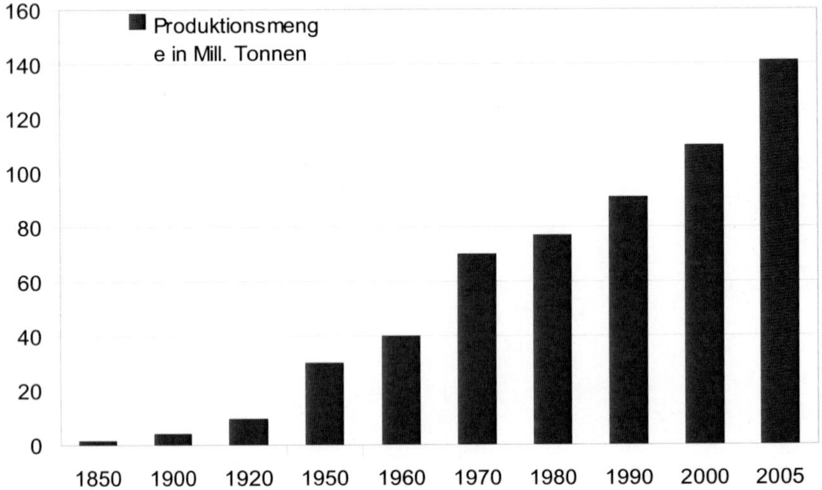

Abbildung 18: Welt-Sojaproduktion zwischen den Jahren 1850 und 2007
Quelle: FAO

Futter und Nahrungsmittel sind die zwei bedeutenden Aspekte der Sojabohne. Soja ist die Grundsubstanz für eine vielfältige Anzahl von Nahrungsmitteln herkömmlicher und industrieller Erzeugung. Soja dient als Fleischersatz, Milchersatz, Ersatz für diverse Milcherzeugnisse, und gleichzeitig ist es ein Gemüse bzw. eine Grundnahrung in Form von Keimen, Bohnen, Mehl oder als Hülsenfrucht. Die Vielfältigkeit von Soja im Bereich der Nahrungsmittelproduktion pflanzlicher und tierischer Herkunft treibt diese Pflanze im weltweiten Anbau in unvorstellbare Höhen. Anhand der bisherigen Verwendungen und dem wachsenden Bedarf an Soja kann nicht eingeschätzt werden, wieviel Soja gebraucht wird, um einen Sättigungsgrad der Weltbevölkerung zu erreichen. Die große Vielfalt der Sojapflanze ermöglicht es, diese Pflanze im unterschiedlichen Klima und unterschiedlichen Bodeneigenschaften erfolgreich zu kultivieren und im großen Ausmaß unterschiedlich zu verwenden[I].

[I]Soja besitzt eine große Sortenzahl, die in drei Gruppen geteilt wird: Die frühreife, mittelreife und spätreife Sorte, die jeweils zwischen 12 und 20 Wochen Vegetationsdauer benötigen. Gleichzeitig sind in den Bohnen unterschiedliche Inhaltsstoffe vorzufinden. Die Sorte mit einem hohen Ölgehalt besitzt einen niedrigen Proteingehalt und ist deshalb für die Ölproduktion und als Tierfutter geeignet. Die Sorte mit einem hohen Proteingehalt besitzt einen niedrigen Ölgehalt und ist gut für die Nahrungsmittelproduktion geeignet. Die Sojabohnen der unterschiedlichen Sorten sind ebenfalls unterschiedlich in Farbe und Gestalt. Sie können schwarz, grün, gelb oder oliv aussehen und kugelig, flach, gewölbig oder nierenformig in Gestalt sein.

Soja wurde erst dann als bedeutende Wirtschaftspflanze erkannt, als die Nachfrage nach Kunstdünger immer größer wurde. Weil die Pflanze ohne den großen Einsatz von Düngemitteln wächst, wurde Soja innerhalb kurzer Zeit auf dem Futtermittelsektor immer beliebter. Die Nährwerte von Soja, der Ölgehalt und die kurze Erntedauer sind auch bedeutende Faktoren für die erfolgreiche Verbreitung dieser Pflanze. Aus allen diesen Gründen wuchs die Sojaproduktion zwischen den Jahren 1950 und 2007, innerhalb von 57 Jahren, auf das über 15fache an.

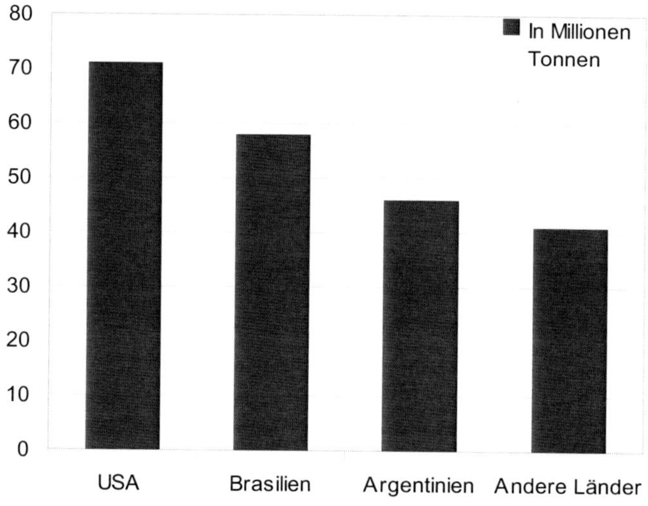

Abbildung 19: Anteile an der Sojaproduktion für das Jahr 2007

Quelle: FAO

Die ursprünglichen Sojaanbauländer, wie die VR China und Indien, wurden von den neuen Anbauländern überholt. In den ursprünglichen asiatischen Ländern blieb Soja immer noch an erster Stelle eine Nahrungs- und Ölfrucht. Die rasche Entwicklung des Sojaanbaus in den drei wichtigsten Anbauländern, wie USA, Brasilien und Argentinien, machte die Öl- und Futterproduktion von der Ölfrucht zunehmend abhängig. Im Vergleich zum Jahr 1990 wuchs die Produktion im Jahre 2007 in den USA um 36%, in Brasilien um 190% und in Argentinien um 318% an. Diese drei Länder zusammen beanspruchen über 81% der Welt-Soja-Produktion und sind gleichzeitig die wichtigsten Exportländer für Soja, Sojaschrot, Sojaölkuchen und Sojaöl. Die gewaltige Produktionssteigerung dieser Länder verursacht gleichzeitig eine erhöhte Menge an Landnutzung für den Sojaanbau.

Landnutzung für den Sojaanbau für die ausgewählten Länder

Länder	**1990** in ha	**2000** in ha	**2007** in ha
USA	22.869.010	29.302.790	30.562.400
Brasilien	11.487.300	13.640.030	22.948.870
Argentinien	4.961.000	8.637.000	16.100.000

Quelle: FAO; Rome 2009

Die Landnutzung für den Sojaanbau wuchs zwischen 1990 und 2007 in den USA um 34%, in Brasilien um 100% und in Argentinien um 225% an. Die ständig erweiterte Nutzung von Ackerland für den Sojaanbau und die Produktionssteigerung trennt Soja von den anderen Leguminosen und erteilt ihr somit eine Position als Einzelprodukt, wie Weizen, Kartoffel oder Rohrzucker.
Die asiatischen Staaten produzieren 42% der Welt-Leguminosen außer Soja, und die nord- und südamerikanischen Staaten erzeugen 85% der Welt-Sojaproduktion. Wegen des schnellen Wachstums der Wirtschaftstiere werden langfristig alle Leguminosen zunehmend als Futtermittel verwendet. Auch in den Ländern, wo die Essleguminosen regelmäßig als proteinhaltige Nahrung verwendet werden, werden diese zunehmend als Tierfutter angebaut bzw. verdrängt der Sojaanbau die anderen Leguminosen.

Die sekundären Futterquellen

Alles, was der Mensch konsumieren kann, gilt gleichzeitig auch als Futter, und alles, was der Mensch wegen des Geschmacks oder der Verdauungsschwierigkeiten nicht konsumieren kann, gilt ebenfalls als Futter. Weltweit werden jährlich über vier Milliarden Tonnen Futtermittel produziert, und trotz der völligen Verwendung von Nutzpflanzen steht der Bedarf an Futter im Vordergrund. Aus diesem Anlass wurden andere Futterquellen für die Wirtschaftstiere gesucht. An dieser Stelle wendet man sich an die Pflanzenwelt, die Tierwelt und auch an andere mögliche Futterquellen.

Die Pflanzenwelt

Viele Pflanzen in der Natur sind potentielle Nahrungsquellen für die Wirtschaftstiere. Pflanzen, die keine akute toxische Wirkung haben, können gefüttert werden. Blätter, Äste, Rinde, Früchte, Samen, sowie Wurzeln der untoxischen wilden Pflanzen gehören zu der Futterquelle in der Natur. Diese Pflanzen werden in der Natur geerntet, ohne für deren Nachwuchs zu sorgen. Wenn eine dieser Quellen ausgeschöpft ist, wird eine neue Quelle ausgesucht. Außer den extrem toxischen Pflanzen wurden alle anderen ausreichend vorhandenen Pflanzen katalogisiert und deren Verwendungen analysiert. AFRIS[I] der FAO veröffentlichte die Untersuchungen mehrerer hundert dieser in der Natur wachsenden Pflanzen. Diese Pflanzen sind von den Wasseralgen, Wasserpflanzen, Gras, Büschen, Bäumen bis zu dornigen Wüstensträuchern als mögliche Futterquellen anerkannt. Auch toxische Pflanzen können mittlerweile durch Behandlungen, wie mehrfaches Kochen und jeweils das Wasser abgießen, als Futter verwendet werden. Untoxische Pflanzen, die die Wirtschaftstiere verweigern zu konsumieren, werden mit anderem Futter gemischt oder ebenfalls gekocht, der Geruch und Geschmack verändert und an die Tiere verfüttert. Zusätzlich wurden die extrem giftigen Pflanzen und Früchte dokumentiert und vor deren Nutzung als Tierfutter gewarnt. Es wird darauf hingewiesen, dass, wenn man sich vor den extrem giftigen Pflanzen in Acht nimmt, der Rest der Pflanzenwelt als Futter zur Verfügung steht.[74]
Die Nutzung der wilden Pflanzen als Futter ist sehr vielfältig. Von der Wurzel bis zu den Blättern wurden, je nach Pflanzenart, verschiedene Futterherstellungsmethoden verwendet. So wurde zum Beispiel das feste Holz von einem Baum von den Wirtschaftstieren nicht konsumiert. Dieses Problem wird mittlerweile beseitigt. Holz beinhaltet pflanzliche Zellulose bzw. Kohlenhydrate, die von Wiederkäuern verdaut werden können. Durch Zermahlung und Hitzebehandlung, wie Aufkochen, wird Abfallholz zu einem weichen Zustand gebracht, mit anderem Futter vermischt und an die Wiederkäuer, wie die Rinder verfüttert.[75]

Die Tierwelt

Das aus der Tierwelt gewonnene Futter für die Wirtschaftstiere ist ziemlich neu. Tote Tiere aus der Tierzucht, Schlachtabfälle, günstiges Fleisch, ungenießbares Fleisch, Knochen, Federn, Blut, Eierschalen, Molke etc.

[I]AFRIS dokumentiert über 700 mögliche Futterquellen für die Wirtschaftstiere, inklusive Futter für die Zuchtfische. Die meisten dieser Futterquellen sind wissenschaftlich erforscht und wurden für die Fütterung freigegeben.

werden zu Tierfutter, in Form von Proteinmehl, umgewandelt und als Futter verwendet. Die Wirtschaftstiere liefern in dem Sinne Nahrung für die Menschen und gleichzeitig das Futter, das andere Wirtschaftstiere konsumieren müssen. Dieses nennt man Recycling, indem die Abfälle der Tierkörper nicht als Müll behandelt, sondern zu Futter verarbeitet werden. Außerdem sind eine Vielzahl von Tieren in der Natur vorhanden, die als potentielle Futterquellen benutzt werden.

Fisch als Futtermittel

Bei den herkömmlichen Nahrungsmitteln sind die Unterschiede zwischen Fisch und Fleisch gut definierbar und deren Produktion nicht voneinander abhängig. Es wurde kein Fleisch verwendet, um die Produktion von Zuchtfischen zu mästen, noch passierte es umgekehrt, dass Fische an die Wirtschaftstiere verfüttert wurden. In der modernen Tierhaltung wird das Futtermittel nach deren Nährwert gemessen, und die Zusammensetzung des Futters wird entsprechend zubereitet. Fischmehl besitzt bis zu 80% Proteine, die für das Wachstum der Tiere dienen. In der modernen Tierhaltung hat sich die Nutzung des Fischmehls seit den letzten drei Jahrzehnten zunehmend verbreitet. Mittlerweile werden über 7 Millionen Tonnen Fischmehl weltweit als Tierfutter eingesetzt. Fischmehl wird hauptsächlich beim Schweine- und Hühnerfutter als Beimischung verwendet. Über 70% der Fischmehlproduktion kommt auf den Weltmarkt und wird hauptsächlich von den Industrienationen importiert[76].

Ratten

Ratten sind rund um den Erdball vorhanden. Tote Ratten können zu Ratten-Proteinmehl umgewandelt werden. Vorsichtsmaßnahmen müssen getroffen werden, da das Rattengift, welches für die Fangzwecke verwendet wurde, nicht die Wirtschaftstiere beschädigen soll. Untersuchungen haben gute Ergebnisse mit dem Rattenmehleinsatz in der Hühnerzucht gezeigt.[77]

Schnecken

Schnecken sind weltweit im Überfluss vorhanden. Einige Riesenschnecken auf dem afrikanischen Kontinent werden bis zu 30 cm groß. Schnecken sind proteinreich und leicht zu ernten. Die Schnecken werden 10 bis 15 Minuten gekocht und bis zu 20% mit anderem Futter gemischt. Das Schneckenfutter könnte den Fischmehleinsatz beim Geflügelfutter bis zu 50% reduzieren. Auch in der Tilapiazucht hat das Schneckenfutter gute Ergebnisse gezeigt. Die weltweite potentielle Quelle der Schnecken ist sehr groß.[78]

Frösche

In vielen feuchten Gegenden der Erde leben zahlreiche Frösche und Kröten. Diese Tiere sind ebenfalls wertvolle Proteinquellen. Nach der Abenddämmerung sind die Frösche leicht zu ernten. Als Hühnerfutter, Schweinefutter und in der Fischzucht zeigt das Froschmehl und Froschfutter gute Ergebnisse.[79]

Tintenfische

In bestimmten Gewässern leben riesige Anzahlen von Tintenfischen. Tintenfische sind hochwertige Proteinquellen und können das Fischmehl leicht ersetzen. In der Hühnerzucht und Scampizucht wird Tintenfischmehl sehr erfolgreich eingesetzt.[80]

Seesterne

Die Austernindustrie erntet große Mengen an Seesternen und verwandelt diese zu Proteinmehl. Das Seesternmehl beinhaltet giftige Thiaminasen und kann deshalb nur als geringe Beimischung von 5% beim Hühner- und Schweinefutter verwendet werden.[81]

Andere Kleintiere

Zahlreiche andere Kleintiere, die gebietsweise unterschiedlich vorhanden sind, können und werden als Tierfutter verarbeitet. Insekten, wie Heuschrecken, Zikaden, Käfer etc. sind proteinreiche Tiere, die, je nach Vorkommen, als Tierfutter verwendet werden. Auch Erdwürmer, Raupen, Larven etc. gelten als Futterquelle für die Wirtschaftstiere.

Sonstiges Futter

Unter dem Begriff sonstiges oder verschiedenes können alle möglichen Substanzen als Tierfutter eingeordnet werden. Einige Beispiele dieser Bereiche sind Altpapier, Leder und die Exkremente aus der Massentierhaltung. Es werden im wahrsten Sinne alle möglichen Produkte organischer Herkunft als mögliches Futter dargestellt.

Altpapier

Papiere sind aus pflanzlicher Herkunft, und deshalb kann Altpapier für die Herstellung von Tierfutter verwendet werden. Allerdings beeinhaltet die Druckerfarbe Schwermetalle, wie Blei, aber bisher wurden keine nennenswerten negativen Wirkungen an den Tieren festgestellt, die mit Altpapiermischfutter gefüttert wurden. Die Altpapiere werden hauptsächlich bei den Wiederkäuern eingesetzt.[82]

Leder
Tierleder besteht hauptsächlich aus Kollagen, einem leimartigen Proteinstoff. Die Abfallstreifen der Lederindustrie können deshalb als Tierfutter eingesetzt werden. Lederverarbeitung verwendet giftiges Chromium (Cr), und deshalb muss darauf geachtet werden, dass der Chromiumgehalt im Futter-Leder nicht den Wert von 2,75% übersteigt. Gemahlenes Leder wird im Hühnerfutter als Fischmehlersatz und im Schweinefutter als Sojaersatz erfogreich verwendet.[83]

Tierexkremente
Die Exkremente von Schweinen und Hühnern beinhalten jeweils 20% und 30% Rohproteine. Die Exkremente werden durch Hitzebehandlung von pathogenen Keimen und Nematodeneiern befreit, getrocknet und mit anderem Futter gemischt oder für die Herstellung von Futterpellets verwendet. Das Exkrementenfutter von Hühnern und Schweinen wird recycelt und anschließend für dieselben Tiere als Futterbeimischung verwendet. Die Exkremente von Wiederkäuern beinhalten niedrige Rohproteine, aber diese werden auch als Rinderfutter verarbeitet. Für die Rinder ist es gewöhnungsbedürftig, dieses Futter zu konsumieren. Aber bei den Schweinen und Hühnern gibt es keine Schwierigkeiten beim Einsatz dieses Futters. Ein 2 kg wiegendes Huhn scheidet 800 Gramm Exkremente pro Woche aus, eine 650 kg wiegende Kuh 150 kg und ein 45 kg wiegendes Schwein 22 kg. Diese Exkremete der Wirtschaftstiere werden als wertvolle Futterressourcen angesehen. Angeblich wird diese Art Exkrementenverwendung als die Alternative der Düngerbeseitigung bezeichnet. In der Tat ist es eine günstige Futterquelle, indem die Abfallproteine zu essbaren Proteinen umgewandelt werden.[84]

Lösung zum Futtermittelmangel

Die Lösung der Futtermittelproblematik ist die Lösung der Tierhaltungsproblematik selbst. Tierhaltung bedeutet in erster Linie, dass die Tiere von der selbständigen Futtersuche befreit werden. Der Tierhalter bzw. der Züchter ist für die Zwecke der Fütterung und der Versorgung allein zuständig. Dieses Verfahren der Futtersuche hatte begonnen, als der Mensch angefangen hatte, wilde Tiere zu domestizieren. Wenn die domestizierten Tiere die Futtersuche selbständig weiter geführt hätten, wären die Tiere entweder verloren gegangen oder von Raubtieren gefressen worden. Die Nomaden wanderten, samt Familie und Tieren, von Ort zu Ort, um Futter zu suchen. Der ansässige Bauer hat die Tiere entweder auf einer Weide angepflockt oder im Stall angebunden. In beiden

Fällen musste er für das Futter sorgen. Auch die Weidelandschaften wurden vom Züchter erworben, und die Tiere wurden unter Aufsicht gehalten. Die Tierhaltung hatte direkt mit der Futterversorgung zu tun, oder in anderen Worten: Tierhaltung bedeutet Futter.
Je größer die Tierhaltung, desto größer der Futterbedarf. Auf der Suche nach neuen Futterquellen sind die Menschen an die natürlichen und auch an die ethischen Grenzen gestoßen. Die natürliche Grenze an Futterquellen bedeutet die vollständige Beanspruchung der gesamten Flora und Fauna. Fast alle vorstellbaren Pflanzen, die in der Natur vorhanden sind, wurden als Futterquelle angesehen. Die für die Wirtschaftstiere unverdaulichen Pflanzen wurden mit Hitzebehandlung etc. zum verdaulichen Futter umgewandelt. Gleichzeitig wurden alle möglichen Nahrungsquellen aus der Tierwelt in Anspruch genommen. Die gesamte Tierwelt auf dem Land und auf dem Wasser gilt als potentielle Futterquelle, und je nach Verfügbarkeit wurden diese in Anspruch genommen.
Als ethische Futtergrenze kann die Praktizierung des Kannibalismus an Wirtschaftstieren durch Menschen bezeichnet werden. Die Nutzung von Tierexkrementen als Futter gilt ebenfalls als Anstoß gegen die ethischen Werte. Die Wirtschaftstiere sind gezwungen, deren eigenes Fleisch und eigenen Kot zu konsumieren, weil diese durch bestimmte Präparationsmethoden zu proteinhaltigem Futter umgewandelt wurden.
Mit dem wachsenden Bedarf an Fleisch konnte die Produktion und Lieferung des Futtermittels bisher nicht Schritt halten, und aus diesem Grund wurden alle möglichen Quellen ausgeschöpft, um mehr Futter zu gewinnen. Die vorstellbare Lösung zur Problematik der immer knapper werdenden Futtermittel ist die allmähliche Reduzierung des Konsums von Nahrungsmitteln tierischer Herkunft.

Bedarf und Verwendungen der Energieressourcen

Der latente Energieaufwand für die Fleischindustrie überschreitet die Grenzen der profanen Nutzung von unerneuerbaren Energieressourcen. Der Futtermittelanbau, samt Fleischindustrie, der die hochwertigen Nahrungsmittel liefert, ist uneingeschränkt von der Produktion und Lieferung der fossilen Energie abhängig. Erhebliche Kontingente an Fossilienressourcen werden verwendet, um die gesamten Agrarchemikalien und landwirschaftlichen Vorhaben zu realisieren. Hinzu kommen eine Reihe von Einsätzen dieser Ressourcen für die Einrichtungen der Agrarinfrastruktur, Transport, Lagerung, Herstellung, Verteilung bis zum Konsum beim Endverbraucher.

Die Produktion der Agrarchemikalien, wie Kunstdünger und Pflanzenschutzmittel in Form von Insektiziden, Peztiziden, Herbiziden oder Fungiziden, wurde mit der Abhängigkeit von Erdöl, Kohle und Erdgas verkuppelt. Der Transport von Futtermitteln ist in vieler Hinsicht wichtiger als dessen Produktion. Die modernen Transportmittel im Straßen-, Schienen-, Wasser- oder Luftverkehr brauchen das Erdöl als Treibstoff.

Transportbedingte Voraussetzungen der Fleischversorgung

Im Verlauf des Zivilisationsprozesses, als die Tauschwirtschaft und später die Geldwirtschaft in Umlauf gebracht wurde, erreichten die Nahrungsmitteltransporte eine neue Ära des Transports und Transportmittels. Bis Mitte des 19. Jahrhunderts wurde dieser Handel mit den traditionellen Transportmethoden durchgeführt. Die Wasserwege mit der Wind- und Muskelkraft und die Landwege mit der Muskelkraft waren die Energiequellen der traditionellen Transportmittel. Landwege im eigentlichen Sinne gab es keine. Man bewegte sich durch die Wüste, über die Berge, durch die Wälder, entlang der Flüsse und legte immer wieder Hinweise für die Nächsten. Die Wasserwege dagegen waren schon von Natur aus definiert. Man bewegte sich entlang eines Flusses aufwärts oder abwärts und erreichte dabei die Ziele auf beiden Uferseiten. Durch die Einfuhr der Dampfmaschine, ab Mitte des 19. Jahrhunderts, und ein halbes Jahrhundert später durch die Motorisierung des Fahrzeuges, erreichte der Nahrungsmitteltransport eine neue Ära.

Die Schifffahrt

Die Entwicklung von Kühl- und Containerschiffen in den 50er Jahren des 20. Jahrhunderts revolutionierte die Schifffahrt. Der Einsatz der Kühlschiffe kam in Verbindung mit dem Bananentransport zustande, weil die Bananen nur unter Kühlung zwischen 12 und 14 Grad Celcius transportiert werden können. Ab 1956 fuhren die ersten Bananenkühlschiffe aus Lateinamerika in die USA. Die Kühlschiffe waren die Schlüssellösung, um später Nahrungsmittel aller Art transportieren zu können.

Eine andere Entwicklung war die Erfindung des Containerdienstes im Jahre 1960 für die Zwecke der US Marine. Innerhalb kurzer Zeit erwies sich der Container als die erfolgreichste Methode, um Seefracht zu transportieren. In den nächsten Jahrzehnten wurden immer mehr Containerschiffe gebaut. Mittlerweile gehören sie zu den bedeutendsten Transportschiffen der Welt. Zu den Containerschiffen kamen auch die Kühlcontainer, mit verschiedenen Temperaturbereichen von Minus- bis Plus-Graden,

zustande, und somit können sowohl frische als auch gefrorene Lebensmittel transportiert werden. Die Einsätze der Kühlschiffe und Kühlcontainerschiffe ermöglichten eine neue Art der Lebensmitteltransporte, die es zuvor in der Menschheitsgeschichte nie gegeben hatte. Es kamen weltweit neue Anbaugebiete zustande, und viele Obstsorten, Knollen- und Wurzelfrüchte wurden für die Exportzwecke angebaut. Zusätzlich entwickelten sich exportoriente neue Viehzuchtgebiete. Rinderfarmen in Brasilien, Argentinien, Australien oder Schafzucht in Neuseeland erreichten neue Märkte in den fernen Ländern. Tiere wurden dort gezüchtet, wo genügend Futter wuchs. Schließlich wurden die Tiere geschlachtet, in Fleisch zerlegt, in Kühlcontainern verpackt und auf die Weltreise verschifft. Die Kühlschiffe und die Kühlcontainer bringen diese Produkte in der Gegenwart innerhalb von zwei bis drei Wochen von einem Standort zu jedem anderen Standort der Welt. Lammfleisch aus Neuseeland, das eine Reise von über 26000 km hinter sich bringt, landet innerhalb von vier Wochen auf den Märkten Europas und bleibt auch für die nächsten Monate und Jahre genießbar. Frisches Rindfleisch aus Argentinien wird auch noch in Europa als frisches Produkt konsumiert. Nahrungsmittel tierischer Herkunft, wie Fisch, Fleisch, Eier und Milchprodukte werden von Minus-Graden bis zu Plus-Graden weltweit verschifft und gehören zu dem gängigsten Nahrungsmittelhandel der Welt.
Die Kühlcontainer ermöglichen sichere Ladungsmöglichkeiten. Per LKW werden die leeren Container zur Beladung zu den entsprechenden Produzenten gebracht und anschließend für die Verschiffung zum Containerschiff zurücktransportiert. Nach der Ankunft im Zielhafen werden die Container per Bahn oder LKW zum Empfänger gebracht. Diese Art Haustür-zu-Haustür-Service erleichtert die herkömmlichen Hindernisse, wie Laden, Umladen, Abladen, Abholen etc., und unterstützt den sicheren Handel zwischen Produzenten und Konsumenten. Weit weg vom Meer entfernt liegen die Dry-ports bzw. Trockenhäfen, wo sich große Anzahlen von Containern anhäufen, die per Überlandtransporte zum Hafen befördert werden. Die Dry-ports sind künstliche Häfen, die als gewöhnliche Containerterminals eines Hafens dienen. Aus diesem Vorteil können die Produktionsstätten, wie Zuchtfarmen und Schlachthöfe überall im Landesinneren verteilt werden, vorausgesetzt, die Straßen oder die Schienennetze sind vorhanden.
Die moderne Schifffahrt dient nicht nur als Transportmittel, sondern in vieler Hinsicht als fahrbare Brücke. In schmalen Gewässern, wie im Mittelmeer, in der Nordsee, in der Ostsee etc., beförden die Schiffe LKWs mit Fleischladung. Diese Roll-on Roll-out Schiffe überbrücken die fehlenden Überlandverbindungen für die rollenden Fleischtransporte.

Die Überlandtransporte und die rollende Fleischlagerung

Wegen des linearen Fortbewegungsprinzips ist der Schienenverkehr für Transporte mit Haustürlieferung nicht geeignet und deshalb beim Produzenten und Konsumenten nicht beliebt bzw. kostspielig und zeitaufwendig. Das vorherrschende Beförderungsmittel der Überlandtransporte ist der LKW. Die LKWs sind die Wirbelsäule der modernen Fleischlieferung. In der traditionellen Fleischwirtschaft kamen die Tiere zu Fuß zum Schlachter, und der Verbraucher holte sein Fleisch direkt dort ab. Durch die LKWs bzw. die Lastfahrzeuge wurde die traditionelle Art der Fleischlieferung per Muskelkraft zur Maschinenkraft umgewandelt. Sie fördern jede Art und jede Menge an Fracht von jedem Standort zu jedem Zielort. Lebendige Tiere aus den Farmen werden per LKW zu den Schlachthöfen transportiert und von dort aus, als geschlachtete Fleischware, zu den Supermärkten. Ob es sich um eine Luft-, See-, oder Schienenfracht handelt, der Einsatz des LKWs ist unverzichtbar. Die LKWs gelten auch als fahrende Lagerhalle, in der sich die Ware von der Produktion bis zum Konsum ständig auf dem Weg befindet. Durch das Kühlungssystem können die LKWs frischgeschlachtetes Fleisch von Minus-Graden bis zu Plus-Graden an Temperatur für längere Zeit transportieren und die Ware kommt in einem geeigneten Zustand beim Verbraucher an. Der LKW-Verkehr ist jedoch von der vorhandenen Straßenlage, dem Treibstoff und der Qualität der Fahrzeuge abhängig.

Die Rolle der Luftfahrt während einer Notlage und Opulenz

Die Versorgung aus der Luft, während einer Notlage, gilt als eine der erfolgreichsten Herausforderungen der modernen Technik. Seit der Entwicklung der Luftfahrtgeschichte beweisen viele dieser Aktionen, wie den Menschen während einer Naturkatastrophe, Krieg oder Blockade mit einer Versorgung aus der Luft geholfen wurde. Während der Friedenszeit hat die Beförderung der Nahrungsmittel per Luftfracht einen marktwirtschaftlichen Charakter und stellt die Gewinnmaximierung in den Vordergrund. Nahrungsmittel werden per Luftfracht befördert, wenn der Verbraucher finanziell in der Lage ist, sich die enormen Flugtransportunkosten zu leisten. Aus diesem Grunde kann beobachtet werden, dass die Nahrungsmitteltransporte per Luftfracht nur auf der Ebene der zahlungskräftigen Gesellschaften der Welt basieren.

Geflogen werden die Nahrungsmittelprodukte, die frisch besser schmecken als gefroren, konserviert oder getrocknet. Erzeugnisse, die zu dieser Produktgruppe gehören, sind hauptsächlich Obst, Gemüse, Fisch und Fleisch. Die Sehnsucht nach Aroma und Geschmack des frisch geschlachteten Fleisches, frisch gefangener Fische oder frisch gepflückten Obstes ermöglichte den Handel des sogenannten Flugfleisches,

Flugfisches und Flugobstes. Fischfilets, Fleischfilets und baumreifes Obst gehören zu den teuren Flugnahrungssorten.
Mengenmäßig hat die Luftfracht im Weltfrachthandel einen Frachtanteil von nur fünf Prozent, aber es besitzt einen Umsatztanteil von über 36% bzw. einen Wert von 12 Trillionen US Dollar im Jahr.[85] Keine andere Transportbranche erzielte in den letzten 40 Jahren eine so hohe Wachstumsrate wie die Luftcargo, und die Wachstumstendenz steigt jährlich weiter um 6,4%. Mit dem wachsenden globalen Handel wird die weltweite Luftfracht in den kommenden Dekaden ununterbrochen anwachsen.[86]
Normalerweise sind die Frachtmaschinen ausgemusterte Passagiermaschinen, die nach einer Umrüstung als Frachter geflogen werden. Deshalb haben die meisten dieser Fluggeräte ein Durchschnittsalter von über 25 Jahren, und einige der B-707 und DC-8 sind sogar über 40 Jahre alt. Allerdings änderte sich die Lage sehr schnell, und anstatt ältere Fluggeräte umzurüsten, wurden werkneue Flugzeuge als Frachter in den Dienst gestellt. Gleichzeitig tendierte der wachsende Bedarf an Luftfracht immer mehr in die Richtung von Großraumflugzeugen, wie B-747, B-777 bis zu A380. Nach der Prophezeiung der Boeing Company soll bis zum Jahre 2025 die prozentuelle Beteiligung von Großraum- und Medium-Großraummaschinen im Bereich der Luftfracht einen Anteil von über 64% besitzen. Dieses weist auf stetig anwachsende Frachtvorkommen in den kommenden Jahrzehnten hin.
Im Jahre 2007 flogen die Frachtgesellschaften weltweit über 186 Milliarden Tonnenkilometer und diese Zahl wird voraussichtlich bis zum Jahre 2025 jährlich ununterbrochen zunehmen. Gleichzeitig wird sich die gegenwärtige Flotte von 1948 Frachtflugzeugen bis zum Jahre 2027 auf 3892 Frachtflugzeuge erhöhen, und davon werden die Goß-Großraum- und Medium-Großraummaschinen einen Anteil von 65% beanspruchen.[87]
Die moderne Luftfahrt hat den gleichen Nachteil wie der Raddampfer im 19. Jahrhundert. Die größte Fracht eines Raddampfers bestand aus Kohle, die als Treibstoff verwendet wurde. Die größte Fracht der Großraumflugzeuge ist ebenfalls der Treibstoff. Je mehr Treibstoff desto weniger Frachtmenge kann mitgenommen werden, und je weniger Treibstoff desto kürzer muss die Flugstrecke sein oder, je weniger Fracht, desto länger werden die Flugstrecken. Die neue Version von Boeing 747-400F hat eine Treibstoffkapazität von 216.840 Litern Kerosin bzw. 173.472 kg Kerosin, Leergewicht 180.930 kg und ein maximales zugelassenes Abfluggewicht von 396.900 kg.[88] Aufgrund der geringen Beförderungsmöglichkeit wird die Fracht mit dem Treibstoff koordiniert, und für längere Strecken wird mit Zwischenlandungen der Treibstoffbedarf gedeckt.
Angesichts des enormen Treibstoffverbrauchs bietet die Luftfracht keine Zukunftsperspektiven, um frisches Fleisch, frische Fische oder andere

wasserhaltige Nahrungsmittel zu transportieren, solange das Treibstoffgewicht das Nahrungsgewicht weit überschreitet. Jedoch werden weltweit frische Nahrungsmittel wie frisches Fleisch per Luftfracht mit Gewinnverhältnissen befördert, und die Tendenz ist stark zunehmend.

Konsequenzen der Nahrungsmitteltransporte mit höherem Wassergehalt

Alle Nahrungserzeugnisse pflanzlicher und tierischer Herkunft besitzen im unverarbeiteten Zustand einen bedeutenden Anteil an Wasser. Nahrungsmittelprodukte mit sehr hohem Wassergehalt sind Obst, Gemüse, Wurzelfrüchte, Knollenfrüchte, Fisch, Fleisch, Milch und Eier. Der Wassergehalt dieser Produkte liegt zwischen 12% und 98%. Hier gelten auch die gleichen Bedingungen für die pflanzliche Nahrung: je höher der Wassergehalt, desto niedriger ist die Haltbarkeit. Blattgemüse, Salate, Gurken etc. beinhalten bis zu 97% Wasser und sind deshalb sehr schwierig zu lagern oder zu transportieren. Ausgewachsene Früchte sind, je nach Erntezeit, länger haltbar und transportierbar. Sommerfrüchte halten sich nur sehr kurz, dagegen sind Herbst- und Winterfrüchte länger haltbar. Tierische Nahrung, wie Fisch und Fleisch sind überhaupt nicht haltbar. Die natürliche Zersetzung eines Fisches fängt sofort nach dem Fang und die eines Tieres sofort nach dem Schlachten an.
Die Kühlung verlängert die natürliche Verwesung, und deshalb können die Nahrungsmiitel für eine längere Zeit unterwegs sein oder für eine längere Zeit gelagert werden. Aber die Kühlung scheint nicht das Allheilmittel für die Nahrungsmittel mit höherem Wassergehalt zu sein. Unter einer bestimmten Temperatur zeigt fast jedes einzelne Nahrungsmittel ein anormales Verhalten, wie Färbung, Bräunung, Austrocknung, wässrig werden etc. Diese Kühlungsanormalität wird als Kaltlagerkrankheit bezeichnet.
Die Temperaturregulierung in Kühlschiffen, Kühlcontainern, Kühllagerung in Lagerhäusern und Supermärkten ist unterschiedlich, und so leidet ein großer Teil der Nahrungsmittel an den Kaltlagerkrankheiten. Eine große Menge an Kaltlagerkrankheiten betroffenen Nahrungsmitteln wird jährlich weltweit vernichtet. Hinzu kommen noch Probleme, wie Gefrierlagerschäden[I], die während der Gefrierlagerung auftauchen. Gefrierschäden treten häufig bei Fisch und Fleisch auf. Es sind physische und chemische Veränderungen, wie faserig und strohig werden, Geruchs-,

[I]Die gewöhnlichen Erscheinungen sind die Verluste des Wasserbindungsvermögens, Austrocknung und faserig werden vom Muskelgewebe. Geflügelfleischsorten, wie Truthahn entwickeln einen Fischgeruch und das Fleisch wird im Allgemeinen ranzig und ändert den Geschmack. Die Veränderungen durch die Gefrierlagerschäden sind physikalisch sowie chemisch.

Geschmacks- und Farbveränderungen etc. Die Gefrierschäden werden im allgemeinen auch Gefrierbrand genannt. Die Ursachen der Gefrierschäden sind unterschiedlich, aber sie sind in erster Stelle auf Temperaturschwankungen während der Gefrierlagerung zurückzuführen. Auch hier werden jährlich eine große Menge an Nahrungsmitteln, wie Fisch und Fleisch, die unter Gefrierschäden litten, vernichtet.
Um die Verderblichkeit zu vermindern, werden bei den Fertignahrungsprodukten Konservierungsstoffe hinzugefügt, die bei den Verbrauchern nicht beliebt sind. Andererseits wäre eine schneller Transport eine ideale Lösung für Nahrungsmittel mit hohem Wassergehalt, und aus diesem Grund werden weltweit viele frische Produkte, wie Fisch und Fleisch, geflogen.

4. Rohstoffe und Nebenprodukte der Fleischindustrie

Während ihrer Lebenszeit liefern die Tiere Produkte, wie Milch, Eier, Wolle, Dünger und Muskelkraft. Nach dem Schlachten entsteht das Endprodukt Fleisch und daneben viele andere Nebenprodukte. Das wichtigste Produkt der Fleischindustrie ist das Fleisch selbst, das als Nahrungsmittel für den menschlichen Verzehr hergestellt wird. Augenscheinlich sind die Nebenprodukte während der Lebenszeit und nach der Lebenszeit genauso wichtig wie das Fleisch selbst. Die ursprüngliche Tierhaltung basierte auf der Gewinnung von Arbeitskraft, Milch und Eiern. Die Nutzung von fleischverbundenen Nebenprodukten ist eine spätere Entwicklung, ausgenommen die Nutzung von Leder und Fellen.

Milch

Wiederkäuer, wie Kühe, Büffel, Schafe und Ziegen, erzeugen die bedeutendsten Anteile der Welt-Milchproduktion. Die Welt-Gesamtproduktion von Milch liegt bei 671 Millionen Tonnen für das Jahr 2007. Davon sind 83,50% der Milchproduktion ausschießlich Kuhmilch. Der Rest wird von Büffeln 12,70%, Ziegen 2,20%, Schafen 1,36% und Kamelen 0,22% erzeugt.[89] Hier liegt die wirtschaftliche Bedeutung von Milch vorwiegend bei der Kuhmilch, und gleichzeitig gilt Kuhmilch als Rohstoff für die industrielle und konventionelle Produktion von Milcherzeugnissen, wie Butter, Käse, Pulvermilch, Sahne oder Quark.

Die Milch und die Milchprodukte sind bisher von keinem bekannten Krankheitserreger betroffen, der bei Menschen kurz- oder langfristige gesundheitliche Schäden verursachen könnte. Die herkömmliche Kontamination an Milch liegt an den herkömmlichen Bakterien, die nach der Hitzebehandlung vernichtet werden. Diese Vorteile der Milch und Milchprodukte als gesunde Nahrung, zugänglich für jede Altersgruppe, machen sie zu einem der bedeutendsten Nahrungsmittel an vorderer Stelle der Nahrungskette. Mit zunehmendem Wohlstand und zunehmender Kaufkraft wird der Bedarf an Milch weiter steigen. Die Sättigungsgrenze des Milchbedarfs ist nicht im Voraus einkalkulierbar. Allein um den weltweiten Milchbedarf zu decken, muss die gegenwärtige Milchproduktion um das Mehrfache erhöht werden.
Die Milch kann als Nebenprodukt der Fleischproduktion sowie als Hauptprodukt ohne Fleischproduktion bezeichnet werden. Normalerweise werden die Milchkühe bei einem Rückgang der Milchproduktion bzw. ab dem 4. bis 5. Lebensjahr geschlachtet. Hier kann, je nach

Wirtschaftlichkeit, die Milch oder das Fleisch als Hauptwirtschaftsfaktor bezeichnet werden.
Die Milchproduktion ist in der Regel nicht direkt von der Rindfleischproduktion abhängig. Sie unterscheidet sich von der zweckmäßigen Nutzung der Rinderzucht. Milcherzeugung als primäres Ziel ergibt eine niedrigere Rindfleischproduktion, und Rinderzucht, hauptsächlich für die Fleischerzeugung, bedeutet gleichzeitig eine niedrigere Milchproduktion.

Ausgwählte Länder im Verhältnis zur Milch- und Fleischproduktion für das Jahr 2007

Länder	**Pro-Kopf-Kuhmilch** in kg	**Pro-Kopf-Rindfleisch** in kg
Niederlande	660	24
Uruguay	476	165
BR Deutschland	338	15
USA	281	40
Brasilien	136	42
Indien	38	1
VR China	25	5,5

Quelle: FAO

Die Züchtung von Rindern in den Niederlanden oder der BR Deutschland basiert hauptsächlich auf der Milchproduktion, und die Rindfleischproduktion der Milchkühe kann als bedeutendes Nebenprodukt bezeichnet werden. In den USA, Uruguay und Brasilien werden die beiden Produkte, Fleisch und Milch, als gleich wichtig bewertet, und in Ländern, wie der VR China steht das Rindfleisch im Vordergrund. Die Nutzung von Kuhmilch in der VR China ist nicht kulturbedingt, und aus diesem Grund wird weniger Kuhmilch produziert. Außerdem sind viele Menschen der Kulturkreise im chinesischen Raum im Erwachsenenalter Laktoseintolerant und können keine Milch und Milchprodukte konsumieren. Die Verdauungsfähigkeit der Laktose geht nach der Stillzeit allmählich zurück, und Milch, als Nahrung, wird unverträglich. Dagegen werden in Indien Kühe hauptsächlich für die Milchproduktion gezüchtet, und viele dieser Tiere werden trotz eines hohen Alters nicht geschlachtet. Aus diesem Grund besitzt Indien mit knapp 300 Millionen Tieren die größte Rinderherde, aber wegen des hohen Alters der Milchkühe und der begrenzten Fütterung erwirtschaftet es eine der niedrigsten Pro-Kopf-Milchproduktionen der Welt. Die Rinderzucht in Indien basiert auf Milchproduktion und Arbeitskraft und selten auf Fleischproduktion.

Eier

Die Welt-Eierproduktion liegt bei über 68 Millionen Tonnen für das Jahr 2007. Die durchnittliche Pro-Kopf-Eierproduktion in den Industrieländern liegt bei über 20 kg im Jahr[90]. Bei einem mittleren Durchschnittsgewicht von 62 Gramm pro Ei stehen über 322 Eier pro Kopf im Jahr für die Industrienationen zur Verfügung. Die Eierproduktion basiert ausschließlich auf dem Hühnerei. Verwendungen von Enteneiern etc. sind äußerst selten und haben kaum statistische Bedeutung.
Wie auch bei Fleisch und Milch ist die Eierproduktion direkt vom Hühnerfutter abhängig. Der Weltmarkt an Hühnerfutter konzentriert sich nur auf kaufkräftige Märkte der Industrienationen. Die Hauptzutaten und die bedeutenden Zutaten vom industriell hergestellten Hühnerfutter sind Getreide, wie Mais, und Proteinmehl bzw. Fischmehl. Die Eier werden, neben dem direkten Verzehr, für die Nahrungsmittelindustrie verwendet. Die Eierproduktion läuft parallel zur Fleischproduktion, indem die Legehenne ab einem bestimmten Alter bzw. je nach Rückgang der Eierproduktion geschlachtet und anschließend als Fleisch verarbeitet wird. Länder mit einer hohen Pro-Kopf-Eierproduktion erzeugen ebenfalls eine hohe Pro-Kopf-Hühnerfleischproduktion. Ein Beispiel: Im Jahre 2007 wurden in den Niederlanden 37,5 kg Eier pro Kopf produziert, und dieses gilt als die höchste Pro-Kopf-Eierproduktion der Welt. Im gleichen Jahr produzierte die Niederlande pro Kopf 37,5 kg Hühnerfleisch.[91] Andere Länder mit hoher Hühnerfleischproduktion, wie die USA, produzieren ebenfalls bedeutende Mengen an Eiern. Eine Legehenne produziert pro Kopf der US-Bevölkerung knapp 300 Eier im Jahr.[92]

Schlachtrohstoffe

Außer der Verwendung als Nahrungsmittel hat der geschlachtete Tierkörper viele andere Verwendungen, die eine sehr bedeutende Rolle in der Produktion und im Konsum ausmachen. Ein geschlachtetes Tier wie ein Rind hat etwa 58% als Nahrungsmittel verwendbare Anteile. Die restlichen 42% sind Blut, Knochen, Haut, Organe, Innereien, Fett usw. Sie gelten als Rohstoffe für die weitere Verarbeitung. Diese Rohstoffe gelten in erster Linine nicht als Nahrungsmittel, sondern als Industrierohstoffe. In drei größere Katagorien können diese Rohstoffe geteilt werden: Proteinmehl bzw. Tiermehl, Talg und Leder.

Tiermehl

Der Tierkadaver, außer Fleisch, wird gekocht, getrocknet, gemahlen und in Säcke verpackt. Dieser gilt als Proteinmehl, hat 50-70% Rohproteinanteile und wird primär als Rohstoff für die Futtermittelindustrie verwendet. Aufgrund der BSE-Krise wurde die Fütterung von Tiermehl an Wirtschaftstiere in der EU verboten. Jedoch empfiehlt das UNO-Institut AFRIS die Nutzung vom unterschiedlichen Tiermehl, wie Blutmehl, Knochenmehl, Lebermehl, Federmehl, Fleischmehl und Tierkadavermehl.[93] Bei der Herstellung von Tierkadavermehl wurde um besondere Aufmerksamkeit gebeten, um den möglichen Salmonellen- und BSE-Gefahren zu entkommen.[94]

Talg

Der Talg ist eine durch das Schmelzen gewonnene körnige, gelbe Fettmasse. Der Talg hat vielseitige Verwendungen in der Industrie sowie als Lebensmittel. Die bedeutenden Produkte von Talg für die Industrie sind: Fett-, Öl-, Stearin- und Linolsäure und Glyzerin. Die Fettsäure ist ein bedeutender Rohstoff für die Seifenherstellung. Ölsäure wird bei der Kerzen-, Kosmetik- und Haarshampooproduktion etc. verwendet. Die Stearinsäure wird für die Herstellung von Gummi, Autoreifen, Gleitmitteln, Esters etc. gebraucht. Die Linolsäure wird für die Herstellung von Farbe, Gleitmitteln etc. verwendet. Glyzerin ist gleichzeitig ein bedeutender Rohstoff für die Chemie-, Nahrungsmittel- und Pharmaindustrie. Glyzerin wird als Lösungsmittel für die Herstellung von Nitroglyzerin verwendet, das als hochexplosiver Sprengstoff dient.
In der Nutzung als Lebensmittel ist der Talg für die Brat- und Backzwecke sehr bedeutend. Für Backprodukte aus Blätterteig und für verschiedene Schmalzgebäcke wird Talg verwendet. Um fritierte Produkte schmackhaft zu machen, wird Talg als Friteuseöl in vielen kulinarischen Küchen benötigt.

Stallmist

Täglich scheiden die Wirtschaftstiere 4-7% ihres Körpergewichts als Exkremente aus. Bis zur Einfuhr des Kunstdüngers war der Stallmist das wichtigste Düngemittel für die Landwirtschaft. Immer noch wird Stallmist als bedeutendes Bio-Düngemittel für die Landwirtschaft verwendet. Die

Exkremente beinhalten etwa 20% Rohproteine und gelten deshalb als Recyclingrohstoffe im Futter für Wirtschaftstiere.

Der Stallmist wird zunehmend ein bedeutender Rohstoff für die Herstellung von Biogas, das weltweit von sehr kleinen Einfamilienhaushalten bis zu großen Anlagen für kommerzielle Zwecke verwendet wird. Das Biogas wird als Kochgas und für die Stromerzeugung eine sehr günstige Ressource. Immer noch wird in vielen der afroasiatischen Länder Kuhdung als Brennstoff und Rohstoff für den Hausbau verwendet.

Wolle

Die Wolle besteht vorwiegend aus Schafswolle, die als Rohstoff für die Bekleidungsindustrie dient. Die Weltproduktion an Wolle liegt bei 1,3 Millionen Tonnen im Jahr. Die VR China, Australien und Neuseeland sind die bedeutendsten Wollproduzenten der Welt. Die Wolle ist ein bedeutendes Nebenprodukt, das seit Beginn der Tierzucht als Wert erkannt und verwandt wurde. Die Produktion von Wolle ist direkt mit der Schafzucht und Lammfleischproduktion verbunden. Australien und Neuseeland sind die bedeutendsten Lammfleischerzeuger der Welt und produzieren zusammen über 36% der Welt-Schafswolle und sind gleichzeitig die wichtigsten Wolllieferanten auf dem Weltmarkt.

Leder

Leder schützt einen Tierkörper von außen, und dieser Schutz wurde sicherlich von Menschen sehr früh erkannt. Deshalb gehört Leder zu einer der ältesten Bekleidungen der Menschheit. Allerdings braucht das Leder eine bestimmte Verarbeitung, und es braucht technisches Wissen, wie das Gerben, womit die Zersetzung des rohen Fells oder der Oberhaut von einem Tier verhindert wird. Im Altertum wurden das Fell oder die Tierhäute unterschiedlicher Tiere gegerbt und Leder für unterschiedliche Zwecke hergestellt. Die Gerbstoffe waren unterschiedlich und gebietsabhängig. Als das Speisesalz günstiger wurde, wurde dieses für die Zwecke des Gerbens als einheitliches Mittel verwendet. In der modernen Gerberindustrie werden dagegen über 100 verschiedene chemische Substanzen für die Gerbzwecke angewendet.[95] Nach der Gerbung, wenn das Leder haltbar wird, wird dieses ein Rohstoff für die vielfältige Lederindustrie.

Die moderne Lederindustrie produziert Lederprodukte für alle möglichen Zwecke, die der Mensch anfassen oder festhalten kann. Das Leder wird als Oberfläche oder Obermantel für folgende Artikel verwendet: Fußbekleidung, Bekleidung, Schmuck, Geldbörsen, Taschen, Koffer, stationäre und mobile Sitzgarnituren, Sportartikel, Verkleidung von Steuerrädern, Handgriffen etc. und für alle möglichen Schutzzwecke. Allein bei der Fußbekleidung werden Schuhe, Sandalen und Stiefel aller Art aus Leder hergestellt. Bei der Bekleidungsindustrie werden Lederhose, Lederjacken, Lederanzüge, Handschuhe, Mützen, Gürtel und viele andere nützliche Kleidungsstücke aus Ledermaterialien produziert. Ob im Wohnzimmer, im Flugzeug oder im Auto, der elegante Sitzplatz ist ein Ledersitz. Beim Sportbedarf werden fast alle Arten von Bällen aus Leder hergestellt. Die primäre Verwendung von Leder ist direkt für den menschlichen Bedarf bzw. für alles, womit der Mensch in Berührung kommt. Damit ist das Leder eine Art haltbarer und widerstandfähiger Schutz für den menschlichen Körper geworden.

Wegen des mühsamen Lederherstellungsverfahren und dem Mangel an brauchbaren Tierhäuten war dieses Produkt im Altertum nicht billig, und nur wenige Menschen konnten sich dieses leisten. Als zum Ende des 19. Jahrhunderts der vermehrte Einsatz der modernen Feuerwaffe zustande kam, gab es einen Überfluss an Wildleder. Das Wildleder stammte von verschiedenen Tierarten, wie Raubtieren jeder Art oder Huftieren. Die Felle von Raubtieren, wie Wölfe, Bären, Raubkatzen etc,. hatten sehr unterschiedliche Eigenschaften, und die Lieferung dieser Produkte war unregelmäßig. Ebenso waren die Felle und Häute von Huftieren sehr unterschiedlich von Stärke und Größe. Aus diesem Grund konnte aus dem Wildleder kein einheitliches Produkt wie Schuhe oder Jacken für den Markt hergestellt werden. Außerdem war der Überfluss an Wildleder im ersten Viertel des 20. Jahrhunderts nur von kurzer Dauer. Deshalb ist das Wildleder in den jeweiligen Haushalten der Jäger als Souvenir oder als Trophäe geblieben. Nach der Beseitigung der Raubtiere, als der Bestand der Wirtschaftstiere allmählich zu wachsen anfing, wuchs die Produktion des einheitlichen Leders. Dieses einheitliche Leder stammt von bestimmten Tieren, wie Rind, Schaf, Ziege etc.

Ab Mitte des 20. Jahrhunderts, als der kommerzielle Futtermittelanbau begonnen hatte, stieg die Produktion des einheitlichen Leders ständig an. Das lag an dem ständig wachsenden Fleischkonsum und dem damit verbundenen Preisverfall an Rohleder. Als die Rohlederproduktion geringfügig war, waren die Gerbereien klein und traditionell eingerichtet. Der Verkauf von Rohleder an Gerber war eine Nebeneinnahme für die Schlachter, und die Haupteinnahme war der Fleischverkauf. Im Laufe der Zeit hatten die großen Schlachthöfe, verursacht durch die Massentierhaltung, begonnen, große Mengen an Rohleder zu liefern. In diesem Sinne vergrößerte und modernisierte sich die Gerberindustrie, um das regelmäßig vorhandene Rohleder zu verarbeiten. Automatisierung und die Nutzung von neuen erfundenen Gerbechemikalien verkürzte die Gerbezeit und produzierte gleichzeitig Leder in verschiedenen Qualitäten. Parallel zu der Gerberindustrie vergrößerte sich auch die Lederindustrie um die Fertigwarenprodukte herzustellen. Das einstige Handwerk des Schuhmachers wandelte sich zu einer großen modernen Produktionsstätte um. In der Lederindustrie sind eine große Anzahl von verschiedenen Maschinen im Einsatz, um die Vielfalt der Lederprodukte zu produzieren. Nach Angaben eines Leder-Promotionkonzerns werden über hundert verschiedene Geräte und Maschinen für die Lederindustrie hergestellt.[96] Durch den maschinellen Einsatz und dem erhöhten Fleischkonsum werden die Lederprodukte immer billiger, und fast allen Verdienstklassen der Bevölkerung wird somit der Zugang zu Lederprodukten ermöglicht. Menschen, die mal barfuß gelaufen sind, zogen Schuhe an, und Menschen, die nur ein einziges Paar Schuhe hatten, besitzen nun mehrere Paare. Die traditionelle Lederjacke, die vom Großvater zum Vater und Sohn weiter gereicht wurde, ist nicht mehr vonnöten, da sich jetzt jeder mehrere Lederjacken gleichzeitig leisten kann. Außerdem werden immer mehr Verwendungen für das Leder ausgedacht und eingesetzt.

Die gegenwärtige Lederproduktion

Die Welt-Lederproduktion basiert auf den geschlachteten Tieren und dem Bedarf und der Nachfrage auf dem Verbrauchermarkt. Von den drei wichtigsten Wiederkäuern, dem Rind, dem Schaf und der Ziege, hat nur das Rind eine große Bedeutung bei der Lederproduktion. Die Gesamt-Jahresproduktion an Leder liegt bei 9 Millionen Tonnen. Über 90% der Welt-Lederproduktion stammt vom Rind. Schafs- und Ziegenleder machen etwa 9,6% der Gesamt-Lederproduktion aus. Damit sind die Rinder die wichtigsten Tiere für den Welt-Ledermarkt.

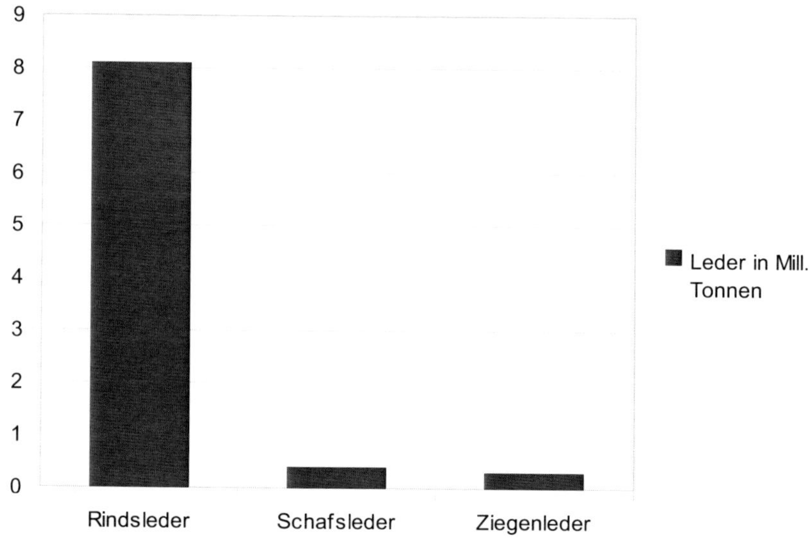

Abbildung 20: Anteile der verschiedenen Ledersorten für das Jahr 2007

Quelle: FAO

Die bedeutendsten Rindslederproduzenten der Welt sind die USA 18%, Brasilien 13%, EU (15) 12% und die VR China 12%. Zusammen produzieren diese Länder über 55% des Welt-Rindsleders und über 50% des Welt-Gesamtleders.[97]

Die wirtschaftliche Bedeutung von Leder als Nebenprodukt der Fleischindustrie hat einen anderen Gesichtspunkt hinzugebracht. Das Fleisch, als Nahrung, ist ein Endprodukt und verschwindet nach dem Verzehr durch den Verdauungstrakt vollständig. Das Leder hingegen ist ein Rohstoff und ein Dauerprodukt. Im Vergleich zu anderen Bekleidungsprodukten, wie Baumwolle, Wolle, Seide und Synthetikfasern, ist Leder ein kräftiges, robustes und haltbares Produkt. Leder ist, in dem Sinne, eine zweite Haut bzw. eine zusätzliche Oberhaut, die den menschlichen Körper von außen schützt. Es ist wendig, weich, in jeder Stärke vorhanden, wetterbeständig, eine erneuerbare Ressource und biologisch abbaubar. Unabhängig von Kultur und Glauben benutzen fast alle Menschen Lederprodukte. Selbst in den Glaubensgemeinschaften, in denen die Rinder heilig sind und der Verzehr von Rindfleisch ein Tabu ist, werden Lederprodukte benutzt.

In der Textilbranche stellt der Rohstoff Leder weltweit eine grenzenlose Einsatzmöglichkeit dar. Obwohl Leder zu der ältesten Bekleidung der Menschheit gehört, stand dieser Rohstoff nie im Vordergrund in der zivilisierten Gesellschaft. Durch den Futtermittelanbau, gefolgt von Massentierhaltung und dem erhöhten Fleischkonsum, ist dieses Produkt ein Bekleidungsrohstoff wie Wolle oder Baumwolle geworden. Die Umwandlung der Lederindustrie von kleinen handwerklichen Betrieben zur Großindustrie ist identisch mit der vom kleinen Schmiedebetrieb zur großen Stahlindustrie. Die Lederprodukte drängen in fast alle möglichen Bereiche des Lebens, und die Lederindustrie ist von diesem Rohstoff vollständig abhängig. Es ist vorstellbar, dass die Rinderzucht weiterhin existieren wird, ohne den Konsum von Rindfleisch zu betreiben, indem die Körperteile als Tierfutter verwertet werden und die Haut als Rohstoff für die Lederindustrie eingesetzt wird.[I]

Muskelkraft

In der tradtionellen Landwirtschaft werden Arbeitstiere als Zug- und Lasttiere verwendet. Immer noch befindet sich über 70% der weltweiten Landwirtschaft im traditionellen Zustand und verwendet Arbeitstiere für die Zwecke des Land pflügens und zum Lasten tragen. Die industrieorientierte Landwirtschaft hatte sich von dieser Abhängigkeit befreit und sich auf technische Geräte, wie Trecker, Mähdrescher, LKW und Autos umgestellt. Aus diesem Grund werden die ehemaligen Arbeitstiere frühzeitig und im sehr jungen Alter geschlachtet. Das Fleisch von den sich immer noch in Arbeit befindenden Säugetieren ist das Fleisch, welches sehr wenig im Umlauf ist und sehr wenig produziert wird. Pferde, Esel, Kamele, Lama, Alpaka, Yak etc. befinden sich vom Hochland im Himalaya über die afroasiatischen Wüstengebiete bis in die Anden Südamerikas unter traditionellen Arbeitsbedingungen und werden selten für Fleischzwecke geschlachtet.

[I]Folgende Institutionen vermitteln weitere Informationen über die weltweite Lederindustrie: 1) Euroleather, Brussels, 2) Indian Leather Portal, Noida, 3) Leather International Magazine, Kent, 4) Leathernet – Leather Industries Worldwide, 5) Leather Industries of America, Washington DC

5. Ausbrüche der Tierepidemien

Tierkrankheiten und Tierepidemien sind gewöhnliche Naturereignisse, die periodisch und unregelmäßig auftreten. Diese Naturereignisse wirken sich bei der modernen Massentierhaltung anders aus als in der Natur oder in der traditionellen Tierhaltung. Beim Ausbruch bestimmter Epidemien sind alle Tiere der Massentierhaltung betroffen, und als präventive Maßnahme wird oft eine Massentötung eingeleitet. Die Tierkrankheiten in der Natur sowie in der modernen Tierzucht sind zahlreich vorhanden. Laut WHO Angaben sind 75% der ansteckenden Krankheiten, von denen die Menschheit in den letzten 10 Jahren betroffen war, durch Pathogene, entstanden durch Tiere oder Nahrungsmittel tierischer Herkunft, verursacht worden.[98] Die vom Menschen zum Tier und vom Tier zum Menschen übertragbaren und bis über 200 zählenden Krankheiten werden unter dem Begriff "Zoonose" eingeordnet. Dazu kommen zahlreiche andere Tierkrankheiten, die einen substanziellen Verlust veranlassen. Die berüchtigsten dieser Tierkrankheiten in der Massentierhaltung sind die Schweinepest, Vogelgrippe, BSE und MKS.

Schweinepest

Die Schweinepest, sie wird auch Schweinecholera genannt, ist eine sehr ansteckende Viruskrankheit. Zwei Versionen der sogenannten Schweinepest sind vorhanden, die klassische Schweinepest (KSP), auch als Europäische Schweinepest (ESP) bekannt, und die afrikanische Schweinepest (ASP). Die KSP und ASP sind weltweit verbreitet, ständig aktiv und vernichten damit jährlich Millionen von Zuchtschweinen. Bei der KSP stirbt das infizierte Tier innerhalb von 14 Tagen, bei der ASP innerhalb von 48 Stunden. Bei der KSP gibt es durch Behandlungen eine geringe Überlebenschance, aber bei der ASP liegt die Todesrate bei 100%. Laut FAO sind die beiden Krankheiten sehr identisch.[99] Die Schweinepest ist außer in Nordamerika und Ozeanien in der ganzen Welt verbreitet. Die KSP ist sehr ansteckend, und laut FAO wurde diese Krankheit nie unter Kontrolle gebracht. Die Inkubationszeit kann zwischen 2 Tagen und 5 Wochen betragen, und sobald der Virus sich im Blut befindet, werden die Krankheitssymptome sichtbar.
Die Datenbank der Schweinepest soll bei den Wildschweinen liegen, und diese werden für die Ausbreitung der Krankheit verantwortlich gemacht. Nach Bekanntwerden des Ausbruchs der Schweinepest in einem Ort oder Gebiet bleibt die Tötung das einzige Mittel, um eine weitere Ausbreitung zu verhindern. In den organisierten Ländern steht diese Krankheit unter

strenger Meldepflicht, und die Tiere werden in einem bestimmten Umkreis sofort gekeult.[100] Die Schweinepestausbrüche in der BR Deutschland kosteten in den Jahren 1993 bis 1996, durch die Tötung und Entsorgung von 1,2 Millionen Schweinen, 660 Millionen Euro. Im folgenden Jahr 1997 gab es insgesamt 429 Schweinepestausbrüche (KPS) in den Grenzgebieten der Niederlande. Daraufhin wurden weit über 12 Millionen Schweine getötet und entsorgt. Die Direktkosten dafür beliefen sich auf 2,3 Milliarden Euro, und die gleiche Summe wurde als indirekte Kosten geschätzt.[101]

Vogelgrippe H5N1

Diese ist eine influenzaartige hochansteckende Viruskrankheit. Sie wird in den Fachgebieten der Medizin und Tierheilkunde als H5N1 benannt. Die hoch pathogene Viruskrankheit, der Typ A[I] der Subtyp H5N1, wird auch als aviäre Influenza bezeichnet. Besonders in Südostasien ist diese Krankheit unter vielen Vogelarten pestartig verbreitet und tötet jährlich Millionen von Vögeln. Das Virus wird in der Regel durch die Exkremente und über den Atemtrakt verbreitet. In der Natur bleiben die Viren bis zu mehreren Wochen infektiös, können aber bei einer Temperatur von über 70°C vernichtet werden.

In der Tat ist diese Viruskrankheit eine altertümliche Krankheit, die besonders bei Zuchthühnern periodisch auftaucht. Allerdings ist diese Krankheit, mit dem Wachstum der Geflügelzucht zu einer der grassierendsten geworden. Die Krankheit ist in der Öffentlichkeit bekannt geworden, als um die Jahrtausendwende die Ansteckungsgefahr für Menschen festgestellt wurde. Jedoch bevorzugt diese Krankheit Hühnervögel und Puten.[102] Zwischen den Jahren 1959 und 2003 wurden insgesamt 21 H5N1 Ausbrüche notiert. Aber die Übertragung an Menschen und dadurch verursachte Sterbefälle wurde erst im Januar 2004 festgestellt. Nach dem neuesten Bericht der Welt-Gesundheitsorganisation ist diese Krankheit außer Kontrolle geraten bzw. nicht zu stoppen. Ab dem Jahr 2003 wurden weltweit jährlich hunderte Millionen von Vogelgrippe infizierte oder nicht infizierte Hühner und andere Zuchtgeflügel getötet und vernichtet. Als Beispiel wurden bei einem Ausbruch von Vogelgrippe im Jahre 2003 in den Niederlanden innerhalb von zwei Monaten 26 Millionen Tiere getötet.[103] Weil H5N1 nicht zu bekämpfen ist, bleibt die Tötung das einzige Schutz- und Vorbeugungsmittel gegen diese Krankheit.

[I] Der Typ A verfügt über verschiedene Subtypen, etikettiert mit H für **Hämagglutinin** und N für **Neuraminidase**. Bisher wurden 16 H und 9 N Antigene identifiziert. So bilden sie die Subtypen wie H1N1, H3N2, H5N3 oder H7N7

Rinderwahn BSE

Die Ursache von BSE (Bovine Spongiform Encephalopathy) ist sehr umstritten, aber Behauptungen zufolge könnte es an der Fütterung mit Rindertierkadavern, in Form von Proteinmehl, liegen. BSE wird nach bisherigen Kenntnissen durch bestimmte Proteine verursacht, die das Gehirn des Rindes in eine schwammartige Form verwandeln, mit tödlichem Ausgang. Die Zeit von der Ansteckung bis zum Ausbruch dieser Krankheit beträgt 4 bis 5 Jahre. Die sichtbare Erkrankung findet zwischen dem 4. und 5. Lebensjahr statt. Das bedeutet, wenn ein neugeborenes Kalb an BSE erkrankt ist, werden die Krankheitssymptome erst zwischen dem 4. und 5. Lebensjahr von außen sichtbar, und wenige Monate später stirbt das Tier. In der Tat werden alle Kälber und Mastrinder im ersten Lebensjahr geschlachtet. Hier ist eine Feststellung der möglichen BSE-Erreger im Jungtier schwierig. Nur die Milchkühe haben die Möglichkeit das 4. bis 5. Lebensjahr zu erreichen.
Als BSE mit CJD (Creutzfeldt-Jakob Disease) in Verbindung gebracht wurde, wurde diese Krankheit weltweit sehr ernst genommen. Nach den neuesten Erkenntnissen können mit derselben Methode der Blutuntersuchung beide Krankheiten, BSE und CJD, festgestellt werden. BSE ist mittlerweile weltweit verbreitet. Die Tötung und Entsorgung der betroffenen Tiere ist die bisher einzige praktizierte Bekämpfung und Vorbeugungsmethode dieser Krankheit. In Großbritannien wurde die Krankheit im Jahre 1984 bekannt und erreichte seinen Höhepunkt im Jahre 1992 mit 36.680 registrierten Fällen.[104] Bis zum Jahre 2000 sind 179.000 Rinder infolge dieser Krankheit gestorben, aber als Vorsichtsmaßnahme wurden über 4,4 Millionen Rinder in diesem Zeitraum getötet.[105]

Maul- und Klauenseuche MKS

MKS ist eine ansteckende Viruskrankheit besonders für Tiere mit gefalteten Hufen, wie Schafe, Ziegen, Rinder und Schweine. Die durchschnittliche Inkubationszeit der MKS beträgt 3-8 Tage, und die Krankheit ist gekennzeichnet durch hohes Fieber, das nach 2-3 Tagen nachlässt, es entwickelt sich Mundschleim, und es bilden sich Blasen im Mund- und Fußbereich. Erwachsene Tiere verlieren an Gewicht, können aber innerhalb weniger Monate geheilt werden. Allerdings werden bei einem Ausbruch der MKS in einem bestimmten Umkreis die gesamten Tierbestände, seien sie infiziert oder nichtinfiziert, eliminiert und entsorgt. Im Jahre 2001 gab es allein in Großbritannien insgesamt 2030 MKS-Fälle, und draufhin wurden 6,5 Millionen infizierte und nichtinfizierte Tiere zur

Bekämpfung und Vorbeugung getötet. Unter den getöteten Tieren befanden sich 4,9 Millionen Schafe, 700.000 Rinder und 400.000 Schweine. Dies verursachte einen Verlust in der Nahrungskette im Wert von 5,27 Milliarden Euro und 4,25 Milliarden Euro, die als Entschädigungen von der Regierung ausgezahlt wurden.[106]

Die wirtschaftlichen Verluste

Die wirtschaftlichen Verluste bei den genannten Tierkrankheiten haben unübersehbare und grenzübergreifende Ausmaße. Wie eine Kettenreaktion verbreiten sich die Schäden in allen möglichen Bereichen des Lebens. Da die bedeutenden fünf Wirtschaftstiere, Schwein, Huhn, Rind, Schaf und Ziege, eine sehr wichtige Rolle, vorwiegend in der Nahrungskette, übernehmen, sind auch die Wirkungen der wenig heilbaren Epidemien sehr tiefgreifend. Hier wird versucht einige dieser Verluste zum Teil zu beschreiben.

Das Fleisch

Das Fleisch wird knapp und teuer. Um den Engpässen zu entkommen, wird, je nach Kaufkraft, Fleisch aus überregionalen Gebieten gefordert. Hier besteht die große Gefahr von Verfälschungen in vieler Hinsicht. Der Fleischmangel betrifft nicht nur die normalen Verbraucher, sondern die Gastwirtschaften, die das Fleisch als Hauptgericht anbieten, die Nahrungsmittelindustrie, die die Fleischprodukte herstellen, die Fleischer, die das Fleisch nicht verkaufen können, und die Schlachter, indem die Schlachttiere einfach getötet und vernichtet werden.

Einkommensverluste

Der Einkommensverlust betrifft alle Menschen, die direkt oder indirekt mit der Tierzucht und Fleischherstellung zu tun haben. Der Bauer, Viehzüchter, Hoflieferant, der Schlachter bis zum Fleischverkäufer und damit verbundene Betriebe und Berufe müssen unter Einkommens- und Erwebsverlusten leiden. In der organisierten Gesellschaft wird dieser Verlust teilweise aus der Versicherung und Staatshilfe ausgeglichen. Dagegen müssen in den Entwicklungsländern alle betroffenen Menschen unter ihrem eigenen Schicksal leiden.

Futterverlust

Fast die Hälfte der Welt-Getreideernte wird an die Wirtschaftstiere verfüttert. Zusätzlich werden verschiedene Arten von Futtermitteln auf dem wertvollen Boden angebaut, Wasser und Agrarchemikalien verbraucht, große Transportwege unternommen, und schließlich geht das wertvolle Futter verloren, wenn das Tier getötet und das Fleisch vernichtet wird. Es herrschen große Schwankungen auf dem Futtermittelmarkt, die Preise gehen runter, und als Präventionsmaßnahme wird nicht selten das vorhandene Futter, auch aus Lagerungsmangel, vernichtet.

Entsorgung
Die Tötung und Entsorgung der Tiere in einem betroffenen Gebiet kostet sehr viel finanzielle Mittel und benötigt viel Fachpersonal, um alles unter Kontrolle zu halten bzw. eine Ausbreitung der Epidemie zu verhindern. Die meisten dieser Ausgaben kommen aus dem staatlichen Haushalt, wo dann wiederum eine oder mehrere andere Ausgaben gekürzt werden müssen. So wurden zum Beispiel zwischen 1986 und 2000 in Großbritannien 4,4 Millionen an BSE erkrankten Rinder getötet und entsorgt. Die staatlichen Ausgaben für diese umfangreiche Aufgabe betrugen 8,5 Milliarden Euro.[107]

Wissenschaft und Forschung
Allein um die vier berüchtigsten Tierseuchen, Schweinepest, Volgelgrippe, BSE und MKS, zu erforschen und Bekämpfungsmittel zu finden, werden jährlich weltweit mehrere Milliarden US Dollar ausgegeben. Alle diese Krankheiten würden Menschen gesundheitlich und wirtschaftlich nicht schädigen, wenn es derartige Tierhaltungen für die Massenfleischproduktion, wie in der Gegenwart, nicht geben würde.

Vorbeugungsmaßnahmen
Als Vorbeugungsmaßnahmen werden die Wirtschaftstiere geimpft bzw. Medikamente in das Futter gemischt. Zusätzliche Desinfektionsmittel verschiedener Art werden auf den Höfen und in der Umgebung verteilt. Alle diese Schadstoffe landen in der Nahrungskette, verursachen Schäden im menschlichen Körper und verschmutzen die Umwelt.

Quarantänemaßnahmen
Beim Ausbruch einer Tierepidemie werden Quarantänemaßnahmen getroffen. Der Warenverkehr aus den betroffenen Gebieten wird teilweise eingestellt. Auch der Personenverkehr wird unter Vorsichtsmaßnahmen gestellt. Die Touristenbranche leidet am Besucherrückgang, und die Einheimischen fühlen sich unter Quarantäne gestellt. Außerdem leben die Menschen, aufgrund der Tierepidemien, unter Dauerangst, was wiederum einen gewissen Verlust an Lebensqualität beinhaltet.

Auswirkungen auf die Tierwelt
Durch die modernen Tierepidemien leiden nicht nur die Tiere in den Massentierhaltungen, sondern auch die Tiere in der Natur. Für die

Übertragung der Schweinepest werden die Wildschweine verantwortlich gemacht, aber ein Massensterben von Wildschweinen durch die Schweinepest war vor der modernen Tierhaltung nicht bekannt. In der Gegenwart stirbt auch eine große Anzahl der Wildschweine an der Schweinepest. Die Vogelgrippe H5N1 verbreitet sich auch unter den Wildvögeln, wie den Zugvögeln, die in großen Schwärmen ihre Aufenthaltsgebiete wechseln. Bei einem Kontakt mit dem Virus wird der ganze Schwarm gefährdet.

Ethische Bedenken

Wenn Menschen und Haustiere, wie Hunde oder Katzen krank werden, werden sie medizinisch behandelt. Bei den Tierseuchen werden die Wirtschaftstiere, seien sie erkrankt oder nicht erkrankt, unter die Keulung gestellt. Nur wegen einer Vorbeugungsmaßnahme werden auch gesunde Tiere vorzeitig getötet und entsorgt. Diese Maßnahme wird teilweise wissenschaftlich und wirtschaftlich begründet, aber ethisch betrachtet, gehört dieser Akt nicht zu einer Zivilisation.[I]

[I]Bundestierschutzgesetz, Grundsatz §1 Zweck dieses Gesetzes ist es, aus der Verantwortung des Menschen für das Tier als Mitgeschöpf dessen Leben und Wohlbefinden zu schützen. Niemand darf einem Tier ohne vernünftigen Grund Schmerzen, Leiden oder Schäden zufügen.

6. Die Gegensätze des Fleischkonsums

Obwohl der Fleischkonsum als gewöhnlicher Nahrungsvorgang bestätigt wird, bleibt die umstrittene Frage, ob das Fleisch immer noch eine natürliche Nahrung für die Menschen sei. Alle Kriterien und Anhaltspunkte sprechen dagegen, und dennoch wird zunehmend Fleisch als alltägliche Nahrung produziert und konsumiert. Paradoxerweise wird aus der Perspektive des Gesundheitswesens Fleisch als gesunde Nahrung gekennzeichnet und gleichzeitig als gesundheitsschädliche Nahrung. Tierquälerei wird einheitlich verurteilt,[108] dennoch wird Massentierhaltung und Schlachtung als gerechtes Gewerbe durchgeführt. In einer Welt mit knappen Nahrungsmitteln und knappen Ressourcen wird verschwenderischerweise Fleisch produziert, die Umwelt verschmutzt, die Umwelt beschädigt, und dennoch wird die Fleischproduktion als unverzichtbarer Lebensvorgang bezeichnet. Kein anderes Nahrungsmittel zeigt so ambivalente Wirkungen wie die bei der Fleischproduktion und beim Fleischkonsum. Trotz all dieser Bedenken muss Fleisch als Nahrung weiter debattiert werden, um die möglichen Lösungsansätze herauszufinden.

Fleischkonsum unter extrem klimatischen Bedingungen

In bestimmten Gebieten der Erde wächst keine geeignete Nahrung für die Menschen. In der ariden, subariden und kälteren Gegend ist die Praktizierung der Landwirtschaft nicht möglich. Dort lebende Menschen waren von Nahrungsmitteln tierischer Herkunft sehr abhängig. Im Polargebiet wachsen verschiedene Arten Moosgewächse, die für Menschen als Nahrung giftig, jedoch für die Rentiere geeignet sind. Dort lebende Menschen konsumierten Rentiermilch und Rentierfleisch als sehr bedeutende Nahrungsmittel. Ebenso sind für die Kamele und Ziegen die Dornengewächse als Nahrungsquelle geeignet, die in den ariden und subariden Gebieten vorkommen. Deshalb waren Nahrungsmittel tierischer Herkunft in der Wüste von großer Bedeutung, und so konnten sowohl in der Polarregion als auch in der Wüste Menschen leben. Die Siedlungen in den Gebieten, die einem extremen Klima ausgesetzt sind, wie in der Wüste oder oberhalb des Polarkreises, sind aufgrund der vorhandenen Nahrungsmittel tierischer Herkunft zustande gekommen. Auf der Suche nach Nahrungsmitteln und auch als Vertriebene fanden die Menschen auf allen Erdteilen eine Bleibe, und die dort vorhandenen pflanzlichen und tierischen Produkte wurden zu ihren gewöhnlichen Lebensmitteln.

Im modernen Zeitalter sind die Menschen nicht unbedingt gezwungen in den extremen Klimazonen zu leben und gleichzeitig den Fleischkonsum fortzusetzen. Unter marktwirtschaftlichen Bedingungen ist Fleisch in solchen Gebieten teurer als eingeführte Nahrungsmittel pflanzlicher Herkunft im getrockneten und konservierten Zustand. Praktizierung der Tierhaltung in den ariden- und subariden Erdteilen ist für die zunehmende Ausdehnung der Wüste mit verantwortlich. Ebenfalls ist der Fleischkonsum für die Reduzierung der Tierbestände oberhalb des nördlichen Polargebiets mit verantwortlich, weil die dortigen Bewohner anstatt der traditionellen Jagdmethode die modernen Jagdwaffen und motorisierten Transportmittel anwenden. Außerdem ist die Einfuhr von Fleisch in den extremen Klimazonen mit einem enormen Kosten- und Energieaufwand verbunden.

Die Bedeutung des Fleisches bei einer Knappheit

In bestimmten Situationen, wie bei einer Nahrungsmittelknappheit, verursacht durch Ernteausfälle, konnte das Überleben, durch den Verzehr von Fleisch, überbrückt werden. Auch in Notsituationen, wie Krieg, Bürgerkrieg, Blockaden, Katastrophen, in denen die Versorgung verhindert wird, kann gegebenenfalls das vorhandene Fleisch zum Überleben dienen. Hier spielt die Fleischart eine bedeutende Rolle. Ungewöhnliches Fleisch wird in der Regel in solchen Situationen abgelehnt, und die Menschen nehmen lieber die Gefährdung des eigenen Körpers in Kauf. Die kulturellen und religiösen Barrieren spielen hier eine sehr bedeutende Rolle. In jeder Situation ist es eine individuelle Entscheidung, ob der Betroffene in der Lage sein wird, sich durch alle möglichen Fleischarten das Überleben zu sichern.

Bei einer Dürre, wenn die Pflanzenwelt keine Nahrung mehr liefert, sterben nach und nach die Herbivoren. In dieser Situation fressen die noch lebenden hungrigen Herbivoren auf keinen Fall die herumliegenden toten Tiere, um ihr Überleben zu verlängern. Das Tabuthema des Überlebens durch die Anthropophagie bzw. Kannibalismus hat bisher weder eine wissenschaftliche noch eine kulturelle Lobby, die sich damit befasst, ob die Anthropophagie in Extremsituationen zulässig ist oder auch dann ein absolutes Tabu bleibt, d.h. in allen möglichen Situationen des Nahrungsmangels. In der Regel führt das Überleben mit der Anthropophagie selten zu einem würdigen Leben, und aus diesem Grund könnte eine Auseinandersetzung mit dieser Thematik als unzulässig bezeichnet werden. In den Hungersnöten wurde oft Anthropophagie praktiziert und damit das totale Aussterben einer Bevölkerung verhindert, obwohl nicht nachvollziehbar ist, ob diese Praktiken zu Beginn einer Nahrungsnot oder erst im extrem fortgeschrittenen Stadium der Hungersnot aufgenommen wurden.

Die Perspektiven der fleischlosen Ernährung

Die Perspektiven der fleischlosen Ernährung sind von großer Bedeutung. Die wichtigsten Aspekte sind die gesundheitlichen, wirtschaftlichen, die Umwelt betreffenden, soziokulturelle und ethische. Sie können als maßgebende Faktoren bezeichnet werden. Es ist von großer Bedeutung, dass diese Thematik als eine der wichtigsten Aufgabe für die Menschheit behandelt wird.
Anhand vieler wissenschaftlicher Untersuchungen im letzten halben Jahrhundert wird gezeigt, dass der Verzehr von Fleisch für viele Krankheiten, wie Herzinfarkt, Diabetes, Kreislaufbeschwerden, Gicht, Fettleibigkeit, Darmkrebs etc., verantwortlich gemacht werden kann. Die bekannte Studie der Europäischen Union ´Die EPIC Studie` (European Prospective Investigation in to Cancer and Nutrition), in der 521.000 Teilnehmer untersucht wurden, deutet darauf hin, dass der Konsum von Fleisch das Risiko von Magen- und Darmkrebs erhöht.[109] Tierepidemien und Tierkrankheiten, wie H1N1, H5N1 oder BSE können auf Menschen übertragen werden. Der Ausbruch der sog. Schweinegrippe H1N1 im Frühsommer 2009 hatte weltweite Besorgnis ausgelöst. Man sprach von einer Pandemie und verbreitete furchterregende Angst.
Die Wirtschaftstiere verseuchen das Trinkwasser, indem Viren, Bakterien, Einzeller, Würmer etc. durch deren Fäkalien verbreitet werden. Die Wahrscheinlichkeit der Nahrungsmittelvergiftung bei tierischen Produkten ist größer als bei Nahrungsmitteln pflanzlicher Herkunft. Die Geruchsbelästigung der Tierhaltung ist weltweit ein wachsendes Problem, indem viele der Wohngegenden zunehmend nach Tierexkrementen riechen und damit die natürlichen Lebensqualität gemindert wird.
Die Wirtschaftlichkeit bei der pflanzlichen Nahrung ist in jeder Hinsicht größer als bei Nahrungsmitteln tierischer Herkunft, weil, nach der Faustregel, 10 kg pflanzliche Nahrung benötigt werden, um 1 kg Fleisch zu produzieren. Begrenztes Ackerland, Umweltbelastungen, Futtermangel und Energiemangel sind die maßgebenden Kriterien, die gegen den zunehmenden Fleischkonsum sprechen.
Im Gegenteil von Fleischkonsum, verfügt die Ernährung auf pflanzlicher Basis über eine sehr breite Konsumsauswahl. Das Fleisch in dem Sinne ist nur das Gewebe von Tierkörpern. Dagegen besteht die pflanzliche Nahrung aus einer sehr großen Auswahl von Früchten, Nüssen, Samen, Kernen, Wurzeln, Knollen, Blättern, Stengeln, Sprossen, Keimen, Rinden, Blüten, Knospen, Säften und Derivativen, wie Zucker, Sirup, Öle, Fette, Geschmack oder Aromen. Schätzungsweise über 75.000 verschiedene Pflanzen liefern Produkte in unterschiedlichen Formen für die menschliche Ernährung. Anhand der FAO Angaben sind über 400 pflanzliche Nahrungsmittel in unverarbeiteter Form jederzeit auf dem Weltmarkt

vorhanden. Bedeutende Produktgruppen, wie Getreide, Hülsenfrüchte, Wurzel- und Knollenfrüchte, Obst und Gemüse, bieten eine großen Auswahl um die Nahrungmittel zu vervielfältigen.
Die bisherige fleischlose Ernährung, die in vielen Kulturkreisen asiatischer Herkunft praktiziert wird, ist vorwiegend religiös bedingt. Allerdings ist eine neue weltweite Bewegung, in Hinsicht auf fleischlose Ernährung, im Trend. Unabhängig von soziokulturellen- und religiösen Wertvorstellungen verzichten zunehmend Menschen auf den Kosum von Fleisch.

Fleisch und Ethik

Ethik bedeutet die moralische Gesamtheit der sozialen Errungenschaften. Ethik ist direkt mit der familiären und gesellschaftlichen Erziehung verbunden. Umwelteinflüsse, soziale und wirtschaftliche Umstände beeinflussen die ethischen Vorstellungen. Kulturreligiöse Gebote und Verbote prägen gleichzeitig das ethische Bild, womit der Wille für gut und böse, stark oder schwach beeinflusst wird. Die starke und schwache Entscheidung für gut und böse ist ein gesellschaftliches Phänomen. So wie die Gesellschaft zu einem bestimmten Willen tendiert, so entscheidet die Gesellschaft auch darüber, ob dieser Wille gut oder böse, schwach oder stark ist. Töten wird allgemein als böse bezeichnet. Töten des Bösen hingegen wird gegebenfalls als gut bezeichnet. Tötung wird auch gerechtfertigt, wenn es sich um Rettung des Lebens handelt. Um das Leben zu retten, wird das Töten von Tieren, um deren Fleisch als Nahrung zu bekommen, moralisch vorstellbar. Also, anstatt Hungers zu sterben, ein Tier zu töten, dessen Fleisch zu konsumieren und damit das Leben zu retten, kann als ein natürlicher Vorgang bezeichnet werden. Wenn genügend andere Nahrung vorhanden ist, wie wird dann die Tötung von einem Tier zu Nahrungszwecken gerechtfertigt? Hier fehlen noch sozio-kulturelle Reformansätze um die Tötung von Tieren für Nahrungszwecke zu definieren.
Eine Reihe von weiteren Fragen über die Tierzucht und Tierhaltung sind ebenfalls noch offen für eine hoch entwickelte und zivilisierte Gesellschaft. Die Züchtung und Haltung von Tieren, aufgrund des menschlichen Willens, ist nicht naturgerecht, sondern ein künstlicher Vorgang, wobei die Naturgesetze des Lebens und der Fortpflanzung instrumentalisiert werden. Hier werden Lebewesen als biologisches Produkt behandelt, und die Lebensdauer wird mit dem wirtschaftlichen Bedarf verkoppelt. Ein Schwein hat eine Lebensdauer von über 20 Jahren, und in der modernen Tierzucht hat das Tier nur einige Monate zu leben. Alle Wirtschaftstiere, die als

Fleischlieferant gezüchtet werden, werden in sehr jungem Alter geschlachtet. Alle diese Fleischtiere, wie Schweine, Hühner, Kälber und Lämmer, erreichen weniger als 2% ihrer gesamten natürlichen Lebensdauer. Die normale Lebensdauer von allen Huftieren, wie Schweinen, Rindern und Schafen, betragen über 20 Jahre. Alle diese Tiere werden für die Fleischzwecke innerhalb des ersten halben Lebensjahres geschlachtet. Die Hühner haben eine Lebensdauer von 8-9 Jahren. Sie werden vier Wochen nach dem Schlüpfen aus dem Ei geschlachtet. Das bedeutet, dass die Schlachthühner nur eine Lebensdauer von 0,90% bzw. weniger als ein Prozent ihrer gesamten natürlichen Lebensdauer erreichen. Wenn die durchschnittlichen 2% des gesamten Lebens der Schlachtschweine auf Menschen mit einer durchschnittlichen Lebensdauer von 70 Jahren berechnet werden würde, würde der Mensch sich im ersten Lebensjahr befinden bzw. ein Jahr und vier Monate alt werden.
Um in diesem jungen Alter die Tiere zur Schlachtreife zu entwickeln, muss ein enormer Futtereinsatz als Input verwendet werden. Durch die Überfütterung und Dauerfütterung werden die Tiere innerhalb ihrer kurzen Lebensdauer aufgepeppelt, um somit ein bestimmtes Körpergewicht zu erreichen. Um den möglichen Tierkrankheiten zu entkommen, werden Vorbeugungsmittel wie Antibiotika verwendet, die wiederum in der Nahrungskette landen. Wenn trotz der medizinischen Vorbeugung eine bestimmte Infektionskrankheit ausbrechen sollte, wird der gesamte Tierbestand innerhalb eines bestimmten Umkreises, ob gesund oder infiziert, getötet und entsorgt.
Die sogenannten schlachtreifen Tiere werden oft in sehr engen Räumen für sehr lange Wege transportiert. Unabhängig von den klimatischen Bedingungen, sei es heiß oder kalt, bekommen die Tiere, die bisher ständig gefüttert wurden, weder Nahrung noch Wasser. Bis zur Schlachtung leiden die Tiere in deren ersten 2% ihres Lebensalters an enormer Folter. Lebendige Tiere können deshalb nicht gerecht transportiert werden, weil die Tiere während des Transportes nicht sitzen können. Außerdem sitzen Tiere nur für kurze Zeit und können nicht während des Fahrens ewig stehen. Die einzige Lösung für den Tiertransport ist, sie zu Fuss laufen zu lassen. Mit genügend Futter, Wasser und Rast können die Tiere im passenden Klima ihr ganzes Leben lang unterwegs sein. Dieses war auch die traditionelle Methode der Nomadenwirtschaft.
Um den Fleischgeschmack und Geruch zu beeinflussen, werden die Huftiere in sehr jungem Alter sehr schmerzhaft kastriert. Dieser enorme unnatürliche Aufwand der modernen Fleischproduktion kann ethisch nicht begründet werden. Hier stellt sich die Frage, wie wichtig das Fleisch für das Überleben in einer modernen Gesellschaft ist, wo Nahrungsmittel verschiedener Art ohne moderne Tierzucht vorhanden sind.

Fleisch und interkultureller Frieden

Die kulturelle Definition der Nahrung ist direkt mit der Esskultur verbunden. Die Esskultur der Weltbevölkerung ist die Gesamtheit des kulturellen Ernährungsumfeldes, und die kulturelle Ernährung ist wiederum direkt mit den kulturellen Geboten und Verboten verbunden. Die esskulturellen Gebote und Verbote sind primär von den Glaubensvorstellungen und von den traditionellen Bräuchen beeinflusst. Diese kulturelle Beeinflussung der Esskultur beschäftigt sich nur mit den Nahrungsmitteln tierischer Herkunft wie dem Fleisch.

Verschiedene religiöse Kodexe beschreiben das Fleisch als rein, unrein, zugelassen, verboten oder schreiben die Schlachtvorschriften der verschiedenen Tierarten vor. Der Verzehr von Rindfleisch oder Schweinefleisch ist in mehreren Glaubensgemeinschaften verboten. Für viele Kulturkreise wirkt der Verzehr von Tierarten wie Hunde, Katzen, Affen, Ratten, Schlangen, Frösche oder Insekten ebenso als abartig. Fleisch gehört, in den meisten Esskulturen der Welt, zu der bedeutendsten Zutat, und der Genuss von kulturell unvereinbaren Fleischarten hält den Menschen von anderen Kulturkreisen fern.

Menschen, die den Verzehr von bestimmten Tierarten als abartig bezeichnen, werden auch von dieser Esskultur fern bleiben. Fast alle Glaubensgemeinschaften und Kulturkreise der Welt konsumieren unterschiedliche Fleischarten, die von den Anderen abgelehnt werden. Aus diesem Anlass essen viele Menschen aus unterschiedlichen Kulturkreisen nicht zusammen. Das gemeinsame Essen ist ein bedeutendes Zeichen des friedlichen Zusammenlebens, und nur wegen des Fleisches kann der bedeutende Schritt zum Frieden scheitern.

7. Zusammenfassung

Der Mensch als Omnivora verfügte über bessere Überlebenschancen als alle anderen Tierarten. Physische und anatomische Vorteile, Anpassungsfähigkeiten zur Umwelt und die Vorteile der Nahrungssuche ermöglichten dem Menschen, sich weiter zu entwickeln und anders zu agieren als der Rest der Tierwelt.

Das Neolithikum brachte kulturelle Errungenschaften, gefolgt von der Entstehung religiöser Glaubensgemeinschaften. Die Nahrungskodexe kamen zustande, und die kultivierten Menschen fingen an, sich ausschließlich von den landwirtschaftlichen Erzeugnissen zu ernähren. Nahrungsmittel tierischer Herkunft waren geringfügig vorhanden, da die Arbeitstiere sehr selten geschlachtet wurden und aufrgund der Gefahren durch Raubtiere andere Wirtschaftstiere für die Zwecke der Fleischlieferung nicht ausreichend gezüchtet werden konnten. Die Raubtiere zogen in die Nähe der Siedlungen, und so begann ein Kampf zwischen den Raubtieren und den Menschen, in dem die Raubtiere die Wirtschaftstiere als Nahrung ansahen und die Menschen diese als Eigentum verteidigten.

Durch die Erfindung des Schießpulvers im 14. Jahrhundert, kam die Feuerwaffe zustande, die für die Bekämpfung der Raubtiere eingesetzt wurde. Jedoch war die Feuerwaffe in den folgenden 500 Jahren nicht effizient, und dadurch lebten die Raubtiere bis zu Beginn des 20. Jahrhunderts weltweit weiter. Alfred Nobels Erfindung und Patentierung des rauchlosen Schießpulvers Ballistit, welches auf der Basis von Nitrocellulose entwickelt wurde, ermöglichte ab dem Jahre 1890 eine effiziente Feuerwaffe, in Form aller Kaliber und aller Schießfrequenzen, zu entwickeln. Die Anwendung der neuen Feuerwaffen ermöglichte die Ausrottung aller Raubtiere, wie Wölfe, Tiger, Löwen, Leoparden, inklusive kleinerer Raubtiere aus allen Siedlungsgebieten der Welt. Die Ausrottung der Raubtiere ermöglichte einen weltweiten Überfluss an Wildfleisch in der ersten Hälfte des 20. Jahrhunderts. Diese kurze Dauer des Wildfleisches vermittelte eine Gewohnheit an zunehmendem Fleischkonsum.

Der Untergang der Raubtiere kennzeichnete den Aufgang der Wirtschaftstiere. Seit Beginn des 20. Jahrhunderts nahmen die Tierbestände der Wirtschaftstiere weltweit ununterbrochen zu. Die rasche Industrialisierung und die wachsende Kaufkraft ermöglichten einen zunehmenden Fleischkonsum, und das Fleisch wurde das gesellschaftliche Repräsentations- und Wohlstandskriterium. Die naturwissenschaftlichen Angaben über die bedeutenden Nährwerte des Fleisches ermöglichten eine zusätzliche Argumentation, um regelmäßig Fleisch zu konsumieren. Fleisch wird als kraftvolle Nahrung bezeichnet, die mit viel Energie das Wachstum und die Gesundheit unterstützt. Jedoch sind die wichtigsten Nährstoffanteile des Fleisches die essentiellen Aminosäuren, essentiellen

Mineralien und die anorganischen Spurenelemente, die auch in allen anderen Nahrungmitteln pflanzlicher Herkunft, in unterschiedlichen Mengen, vorhanden sind.
Der gegenwärtige Fleischweltmarkt ist ein sehr lukrativer und gleichzeitig sehr instabiler Wirtschaftszweig, der von wiederkehrenden Tierepidemien, Dumpingpreisen, Subventionen und Skandalen begleitet wird. Trotz all dieser nachteilhaften Entwicklungen wächst die weltweite Fleischproduktion jährlich im Durchschnitt von 3% an. Die Modernisierung der Landwirtschaft, der zunehmende Futtermittelanbau und die Entwicklung der Infrastruktur ermöglichten, die Fleischproduktion ununterbrochen zu erhöhen. Die Maßnahmen der GATT-Verhandlungen, gefolgt durch die Verhandlungen der WTO, im Bereich der Landwirtschaft geben immer mehr Impulse für die Fleischproduktion und den Fleischhandel. Das Wachstum der Fleischproduktion zwischen den Jahren 1950 und 1980 fand vorwiegend in den Industrieländern statt, und die Produktion erweiterte sich ab Mitte der 80er Jahre allmählich in den Entwicklungsländern. Im Jahre 1950 wurden insgesamt 50 Millionen Tonnen Fleisch produziert. Das war eine durchschnittliche Pro-Kopf-Produktion von 18 kg Fleisch für die Weltbevölkerung. Im Jahre 2008 stieg die Gesamtfleischproduktion auf knapp 300 Millionen Tonnen an, mit einem Pro-Kopf-Durchschnitt von über 45 kg Fleisch. Dieses ist eine Steigerung von 150% für die gesamte Weltbevölkerung. Allerdings fallen die Verbrauchsdifferenzen zwischen den ärmeren und reichen Nationen sehr unterschiedlich aus.
Die Fleischproduktion ist direkt vom vorhandenen Futtermittel abhängig. Die wichtigsten Futtermittel für die intensive Fleischproduktion sind das Getreide und die ölhaltigen Hülsenfrüchte. Außer Getreide und Leguminosen werden zunehmend eine Reihe von Futtermitteln aus der Pflanzenwelt und Tierwelt verwendet. Tiere aus der Natur wie Ratten, Frösche oder Schnecken; Pflanzen aus der Natur, die einfach überall wachsen; Abfälle wie Papier oder Holz; Industrieabfälle wie Lederstreifen oder Zellulose; Tierabfälle wie Schlachthofabfälle oder Stallmist gehören zu der bizzaren Welt der Futtermittel. Trotz der großen Auswahl wächst der Bedarf an Futtermitteln ununterbrochen weiter an. Eine Lösung des wachsenden Futtermittelbedarfs ist nicht in Sicht, sondern die Problematik des Futterbedarfs wird immer gravierender, und schließlich ist die Flora und Fauna in der Natur von der gegenwartigen Futtersuche extrem betroffen.
Die anderen Futtermöglichkeiten in der Natur sind geringfügig vorhanden, und aus diesem Grund wird ein Großteil der Welt-Ackerfläche für den Futtermittelanbau verwendet. Das Ackerland ist knapp, und nur weniger als 11% der Welt-Landfläche können für die Zwecke der Landwirtschaft genutzt werden. Im Vergleich zum Jahre 1950 ist das Pro-Kopf-Ackerland im Jahre 2008 um 57% gesunken. Die Ursachen des abnehmenden Ackerlands liegen im Wachstum der städtischen Bevölkerung, in der

Erweiterung von ländlichen Siedlungsgebieten, in der Ausbreitung der Verkehrsinfrastruktur, der Erweiterung der Industriegebiete, Landverlusten durch Naturkatastrophen und Erosion durch die intensive Landwirtschaft. Die Vorausetzungen für die Gewinnung von Ackerland sind nur geringfügig vorhanden. Ausnahmen sind die Gewinnung von Ländereien durch Abholzung von Naturwäldern in Ländern wie Brasilien und durch künstliche Bewässerung von ariden und semiariden Landschaften, was aber langfristig nicht rentabel ist.
Die andere bedeutende Voraussetzung für den Futtermittelanbau ist das Frischwasser, welches allerdings knapp vorhanden ist. Nur bewässerter Ackerbau liefert eine sichere Ernte, und aus diesem Grunde stellt sich die künstliche Bewässerung als der wichtigste Faktor der modernen Landwirtschaft dar. Die Nutzung der Ressourcen für die landwirtschaftliche Bewässerung wie Grundwasser, Regen, Luftfeuchtigkeit, Gletscher, Frischwasserseen ist mit erheblichen Schwierigkeiten verbunden. Als einzige Alternative wurden die Flüsse in Anspruch genommen. Weil sich über 60% der größeren Flüsse in unbesiedelten kälteren Regionen oberhalb des Polarkreises befinden, müssen die restlichen 40% der Flüsse für die Bewässerungszwecke andauernd genutzt werden.
Die intensive Nutzung von Flüssen als Frischwasserquelle für die Landwirtschaft verursacht zunehmend Naturkatastrophen in unübersehbarem Ausmaß. Um die Flüsse unter Kontrolle zu bringen, wurden die meisten Flüsse in besiedelten Gegenden mit einem Damm oder einer Talsperre blockiert. Mittlerweile existieren weltweit über 45.000 größere Staudämme, die eine Höhe von bis zu 300 Metern erreichen. Kleinere Staudämme sind in Millionen Anzahl vorhanden. Ein Beispiel: Allein die VR China besitzt über 85.000 Staudämme und Stauseen. Obwohl die Flüsse weniger als 0,001% der gesamten Frischwasserressourcen ausmachen, wird diese Quelle an erster Stelle in Anspruch genommen. Hier ist die Fleischproduktion mit der Nutzung von Flusswasser direkt verbunden.
Die Landwirtschaft verseucht mit der Tierhaltung das Grundwasser und die Flüsse. Agrarchemikalien und Fäkalien der Wirtschaftstiere verunreinigen die Frischwasserressourcen. Über 70% der Frischwassernutzung wird für die landwirtschaftlichen Zwecke verwendet, und bis zu 70% der landwirtschaftlichen Erzeugnisse wird an die Wirtschaftstiere verfüttert, um Fleisch, Milch und Eier zu produzieren.
Der Energiebedarf für die Fleischindustrie überschreitet alle Grenzen einer verantwortbaren Nutzung von nichterneuerbaren Energieressourcen. Transport, Agrarchemikalien, Kühlung, Einfrierung, Herstellung, Verpackung und Lagerung verbrauchen große Mengen dieser Ressourcen. Der Transport von Tieren, Fleisch und Fleischprodukten hat einen höheren Energieverbrauch als der aller anderen

Nahrungsmittelerzeugnisse. Der Einsatz von Kühlschiffen und Kühlcontainern ermöglicht einen weltweiten Fleischhandel, und die Überlandtransporte, wie Schienen- und Straßenverkehr, bringen das Fleisch über weite Strecken bis zum Verbraucher. Auch die Rolle der Luftfahrt, die ihre Frischfleischtransporte jährlich beständig erweitert, ist fraglich. Alle diese Transportmittel verbrauchen große Mengen an Erdöl, und das Wachstum der unterschiedlichen Transportbereiche im Zusammenhang mit dem potentiellen Fleischbedarf ist sehr vielverprechend, freilich zugleich besorgniserregend, was den Verbrauch von nichterneuerbarer Energie angeht.
Die Milch und die Eier gehören zu den wichtigsten Nahrungsmitteln der Esskulturen und sind direkt mit der Fleischerzeugung verbunden. Die Schlachthofabfälle der Fleischindustrie ermöglichen eine Reihe von Produkten, die eine vielseitige Verwendung in der Tierfutter- und Lebensmittelindustrie finden. Das Leder ist bekanntlich ein erneuerbares Naturprodukt und in allen Bereichen des modernen Lebensstils vorzufinden. Der wachsende Lederbedarf ermöglicht zunehmenden Fleischkonsum, weil die Lederproduktion als ein Teil der Fleischindustrie einkalkuliert wird.
Die Ausbrüche der Tierkrankheiten verursachen große Schwankungen im Bereich der Fleischproduktion und des Fleischhandels. Beim Ausbruch einer Tierepidemie müssen Millionen von Wirtschaftstieren als Vorsichtsmaßnahme getötet und schließlich die Tierleichen vernichtet werden. Bei dieser Art Tiervernichtungen, verursacht durch Tierkrankheiten, bedeutet dies große Verluste im Bereich der Nahrungskette, des Einkommens und der Belastung bei den staatlichen Haushalten. Wissenschaftliche Bereiche, wie die Veterinärmedizin, Forschungen, Überwachung, Quarantänemaßnahmen, verursachen weltweit jährlich Verluste in Milliarden US-Dollar Höhe. Die modernen Krankheiten der intensiven Tierzucht übertragen sich auf Mensch und Natur, und verursachen dadurch erheblichen Schaden. Die moralischen Bedenken sind ebenfalls erheblich, weil innerhalb eines bestimmten Umkreises vom Krankheitsausbruchsgebiet infizierte und nichtinfizierte Tiere getötet werden müssen.
In extremen Klimazonen wie in der Wüste oder oberhalb des Polarkreises war Fleisch ein unverzichtbares Nahrungsmittel. Auch sonst konnte bei Nahrungsknappheiten das Überleben mit Fleisch gesichert werden. Sofern fleischlose Ernährung möglich ist, bietet sie jedoch sowohl wirtschaftlich wie gesundheitlich eindeutige Vorteile. Und in einer Situation, in der andere Nahrungsmittel ausreichend vorhanden sind, ist die Massentierhaltung und der Konsum von Fleisch weder wirtschaftlich noch als lebensnotwendig oder lebensdienlich ausreichend zu begründen.

Die gesundheitlichen Bedenken des Fleischkonsums sind furchterregend. Viele ansteckende Krankheiten, wie Vogelgrippe, Schweinegrippe sind gegenwärtige Begriffe der grässlichen phänomenalen Ereignisse. Der Konsum von Fleisch und der Gewinn durch Fleisch sind ambivalent im Vergleich zur Gesundheit, Freiheit und Wohlstand. Krankheiten wie Herzinfarkt, Diabetes, Fettleibigkeit, Darmkrebs oder Kreislaufbeschwerden sind die häufigen Resultate des regelmäßigen Fleischkonsums. Die Massentierhaltung verursacht eine ständige Ausbreitung von Infektionskrankheiten durch Viren, Bakterien, Prionen, Würmer, Einzeller oder Parasiten, die durch Zuchttiere auf Menschen übertragen werden. Der Mensch muss unter ständiger Angst und Einschränkungen leben und opfert dabei einen Teil seiner Freiheit und seines Wohlstands.

Es kommen auch ernsthafte ethische Bedenken ins Spiel: Die moderne Tierhaltung verkürzt das Leben von Wirtschaftstieren, wenn sie für Fleischzwecke gezüchtet werden, auf 1 bis 2% ihres natürlichen Lebens. Mastschweine, Masthühner, Kälber und Lämmer erreichen weniger als 2% ihres natürlichen Alters. So besteht fast die gesamte Produktion der modernen Fleischindustrie aus Tieren in sehr jungem Alter. Eine wachsende Zahl von Menschen empfindet das mit Recht als bedrückend und eigentlich unerträglich.

Kulturell sollte zudem folgendes bedacht werden: Die Weltgemeinschaften bestehen aus verschiedenen Glaubensgemeinschaften. Was den Verzehr von Fleisch angeht, verfügen diese Glaubensgemeinschaften über unterschiedliche Sitten und Normen, die zu erheblichen Teilen streng gehütet werden. Ein Großteil der Weltgemeinschaften kann deshalb "nicht zusammen essen", und neben vielem anderen muss auch diese elementare "Tisch-Trennung" als ein sublimes, durchaus in die Tiefe reichendes Hindernis bei der notwendigen Mühe gesehen werden, Menschen weltweit füreinander zu öffnen, sie zusammenzuführen und auf dem Weg zu einem friedlich geteilten und verantworteten gemeinsamen Leben voranzubringen. Wohlgemerkt: Es ist gerade der Verzehr von Fleisch, bei dem diese Schwierigkeiten einer "Tischgemeinschaft" sich bemerkbar machen.

Gesamt betrachtet ist die Problematik des Fleischkonsums an eine Reihe von Effekten gebunden, die über keine wirklichen Lösungsansätze verfügen. Der Futterbedarf, Landbedarf, Wasserbedarf, Energiebedarf, die Tierkrankheiten, Gesundheitsbeschwerden, Umweltschäden, wirtschaftlichen Verluste, moralischen und kulturellen Bedenken sind die maßgebenden problematischen Faktoren der modernen Fleischindustrie. Eine drastische Reduzierung der Fleischproduktion und des Fleischkonsums kann als die bittere Wahrheit, als notwendige Konsequenz bezeichnet werden. Diese Handlung kann die weltweit vorhandene Nahrungsmittelproblematik rational bekämpfen und gleichzeitig die Umwelt schonen.

[1]Mills, M.: The Comparative Anatomy of Eatin. Lectures at Peta, New York 2006

[2] 3. Buch Mose, Kapitel 11, Vers 7

[3] 5. Buch Mose, Kapitel 14, Vers 21

[4] Markus, Kapitel 7, Verse 15-22

[5]Kaufmann, O.; Aus Indiens Dschungel, Erlebnisse und Forschungen, S. 174-176, Bonn/Leipzig 1923

[6]IUCN; Saving the Pride of Africa, News Release, Gland 2006

[7]Corbett; Jim; Man-eaters of Kumaon; Bombay 1944

[8]WWF; Three of the nine tiger subspecies gone in the last century, Gland 2009

[9]IUCN; Cat Species Information, Leopard, Gland 2009

[10]IUCN; Redlist of the Threatened Species, Family: Ursidae, Gland 2009

[11]IUCN; Redlist of the Threatened Species, Family: Canidae, Gland 2009

[12]IUCN; Redlist of the Threatened Species, Family: Mustelidae, Gland 2009

[13]Kaufman, O; a.a.o., S. 176, Bonn/Leipzig 1923

[14] Wright, A.H.; Passenger Pigeon – Early History Records 1534-1860, S. 5, Washington DC 1913

[15] Fischer, M.; A Vanished Race, S. 2, Bird Lore, Washington DC, 1913

[16] Audubon. J.J.; Birds of America, Family XXIX, Genus III, Ectopistes, Edinburgh 1827-1838

[17] Fischer, M.; a.a.o.; S. 2

[18]Audubon, J.J. a.a.o, Edinburgh 1827-1838

[19] Fischer. M.; a.a.o.; S. 3

[20]Fischer, M.; a.a.o. S.9

[21] Wirght, A.H.; a.a.o.; S. 8

[22] Fischer, M; a.a.o.; S. 8

[23] Fischer.M; a.a.o.; S. 8

[24]Fischer, M; a.a.o. S.4

[25] Passenger Pigeon, S. 3, Smithsonian Institue, Washington DC 1915

[26] Forbush, E.H.; The Last Passenger Pigeon, S. 13, Bird Lore, Washington DC, 1913

[27] Forbush, E.H.; a.a.o.; S. 14

[28]Milner-Guland, E.J. & Benett, E.L; Wild Meat - The bigger Picture. In: Trends in Ecology and Evolution, Voll. 18, No. 7, London 2003

[29]Milner-Guland, E.J. & Benett, E.L. a.a.o., London 2003

[30]AGPC; Grassland and Pasture, Crop Group S. 1, Rome 2005

[31]FAO; Livestock Sector Brief – United States of America, S. 11, Rome 2005

[32]USDA; Feed Grains Database, Washington DC 2007

[33]National Pork Producer Council; Facts and Figures, Urbandale 2007

[34]National Pork Board; The Pork Industry at a Glance – The Pork Story, S. 1, Des Moines/Iowa 2007
[35]National Pork Board; a.a.o.; S. 1
[36]National Pork Board; a.a.o.; S. 2
[37]USDA; U.S. Frams: Numbers, Size and Ownership, Washington DC 2007
[38]National Pork Producer Council, Today´s US Pork Industry, Urbandale 2007
[39]National Pork Producer Council, Today´s US Pork Industry, Urbandale 2007
[40]WTO; Ministrial Declaration, Agriculture § 13 & 14, Doha 2001
[41]National Pork Producer Council, Trade Deal with South Korea good for US-Pork, Urbandale 2007
[42]FAO; Statistical Databasis, Rome 2007
[43]Mountain Voices Org. 2007
[44]International Symposium on Farm Structure in China, Beijing 1999
[45]Peoples Daily, Online Version, Peking 12.09.2006
[46]Ke, Bingshang; Industrial livestock production, concentrate feed demand and natural ressource requirement in China, S.2, Beijing 1998
[47]FAO; Food Outlook – Global Market Analysis, S. 27, Rome 2006
[48]Zooplus.de – Online shop, 2007
[49]Hastings, M.M.; The Dollar Hen, S. 3, Syracuse/Kansas, 1911
[50]The American Egg Board; About the Industry, Park Ridge 2007
[51]USDA; Federal State Market News, Washington DC 24.10.2007
[52]Hastings, M.M.; a.a.o., S. 4
[53]Ke, Bingshang; a.a.o., S.3
[54]USDA; Beef Resources, Wahington DC 2007
[55]FAO; Livestock Sector USA, S. 11, Rome 2005 & FAO; Statistical Databasis, Rome 2007
[56]FAO; Livestock Sector USA, a.a.o., S. 7
[57]Ricardo, D; Principle of Political Economy and Taxation, Chapter 12, Land-Tax, London 1817
[58] UNO; Demographic Yearbook/UN Statistics Division New York 2009
[59] Brown, R.L./Woods, R.G.; The Worlwide Loss of Cropland/Future Dimension of World Food and Population, S. 61, Boulder 1981
[60] UNCCD; Regional Profiles Africa, Bonn 2007
[61] Brown, R.L.Twoods, R.G.; a.a.o., S. 76
[62]International Commission on Irrigation and Drainage, New Delhi 2004
[63]International Commission on Irrigation and Drainage, Country Profile Brazil, New Delhi 2004
[64] Australian Commission for ICID, New Delhi 2000
[65] Australien Commission for ICID, New Delhi 2000
[66] China Country Review Paper, ICID, New Delhi 2000

[67] China Country Review Paper, ICID, New Delhi 2000
[68]FAO; Statistical Databases, Rome 2007
[69]IRRI; Atlas of Rice and World Rice Statistics, Manila 2009
[70]FAOSTAT; World Consumption, Rome 2007
[71]FAOSTAT; World Consumption, Rome 2007
[72]Jansman, A; Grain legumes as functional ingredients in animal feeds, in Grain Legumes Magazine, No. 41, Paris 2005
[73]AEP; Main Grain Legume Producing Countries/World Production, Paris 2007
[74]AFRIS; Feed Resources Group – Toxic Plants, Rome 2009
[75]AFRIS; a.a.o., Wood and Wood by-products
[76]FAO; The relative importance of trade in fishery products in 2005, Rome 2007
[77]AFRIS a.a.o., Rat meal
[78]AFRIS; a.a.o., Snail meal
[79]AFRIS; a.a.o., Frog meal
[80]AFRIS;a.a.o., Squid meal
[81]AFRIS;a.a.o., Starfish meal
[82]AFRIS; a.a.o., Paper
[83]AFRIS; a.a.o, Leather Meal
[84]AFRIS; a.a.o., Manure, Poultry litter and Poultry manure,
[85]Air Cargo World/Nicole Nelson; Modest Gains for Cargo - Online version; Washington D.C. 2009
[86]Graham, M; Steady Flight; In: Air Cargo World, Archive 05.07, Washington DC 2007
[87]Boeing Company; World Air Cargo Forecast 2008-2009, S. 111, Seattle 2009
[88]Boeing Company; Commercial Air Planes, Technical Informations B-747-400F, Chicago 2007
[89]FAO; Statistical Databases, Rome 2009
[90]International Egg Commission, London 2009
[91]FAO; Statistical Databases, Rome 2008
[92]The American Egg Board, Park Ridge, Illinois, 2009
[93]AFRIS; a.a.o., Animal Products
[94]AFRIS; a.a.o., Meat and Bone Meal - caution
[95]Indian Leather Portal; Leather Chemicals, Noida 2009
[96]Indian Leather Portal; Leather Machinery & Equipments, Noida 2009
[97]FAO; ESC Consultation on Hides & Skines, S. 7-8, Arusha 2006
[98]WHO; Food Safety & Zoonoses, Geneva 2009
[99]FAO; Animal Health Manual, No. 9, Rome 2000
[100]BMELV; Maßnahmen in den Gebieten nach Feststellung von KPS, Berlin 2007

[101]Universität Münster; Haus der Niederlande – Rückblick: Tierseuchen im Grenzgebiet, Münster 2006
[102]Friedrich Loeffler Institut; Gemeinsame Erklärung zum Thema Geflügelpest, Greifswald 2006
[103]Universität Münster; a.a.o., Vogelgrippe 2003
[104]DEFRA; Animal Health Welfare – BSE, Background to the Disease, London 2007
[105]Brown, D; The recipe for disaster that killed 80 and left a 5 bn Pound bill, in: Telegraph 19.06, London 2001
[106]DEFRA; Animal Health and Welfare, FDM Data Archive – Foot and Mouth Diseases, London 2004
[107]Brown, D; a.a.o, London 2001
[108]Bundesministeriums der Justiz; Tierschutzgesetz – TierSchG, Grundsatz § 1, Berlin 2008
[109]EPIC; Key findings – Key results, current and near future scientific activity, Lyon 2007

Quellenangaben

AGPC; Grassland and Pasture, Crop Group, Rome 2005
Audubon, J.J; Birds of America, Edinbugh 1827-1838
Becker, G.S; CRS Report for Congress. Food and Agricultural Import from China, Washington DC 2007
BMELV; Maßnahmen in den Gebieten nach Feststellung von KPS, Berlin 2007
Boeing Company; Commercial Air Planes, Technical Informations, Chicago 2008
Brown, D/Telegraph; The recipe for disaster that killed 80 and left a 5 billion Pound bill, London 2001
Brown, R.L and Woods, R.G; Future Dimensions of World Food and Population, Boulder 1981
Bundesministeriums der Justiz; Tierschutzgesetz – TierSchG, Berlin 2008
DEFRA; Animal Health Welfare – BSE, Background to the Disease, London 2007
DEFRA; Animal Health Welfare, FDM Data Archive, London 2004
Die Bibel; Deutsche Bibelgesellschaft, Stuttgart 1990
EPIC; Key findings – Key results, current & near future scientific activity, Lyon 2007
Europäische Kommission; Lebensmittelsicherheit, Brüssel 2009
FAO; Animal Feed Resources Information System – all Products, Rome 2009
FAO; Animal Health Manual, No. 9, Rome 2000
FAO; Food Outlook – all issues, Rome 2006-2008
FAO; ESC Consultation on Hides & Skines, Arusha 2006
FAO; Livestock Sector Brief – United States of America, Rome 2005
FAO; Second Technical Consultation on IUU, Rome 2001
FAO; Statistical Databases, Rome 2009
FAOSTAT; World Production,Trade and Consumption, Rome 2009
Felderer, B/Sauga, M; Bevölkerung und Wirtschaftsentwicklung, Frankfurt/M 1988
FIN; Fishmeal from managed resources, London 2009
Fisher, M.A/Bird Lore; A Vanished Race, Washington DC 1913
Forbush, E.H/Bird Lore; The Last Passenger Pigeon, Washington DC 1913
Friedrich Loeffler Institut; Gemeinsame Erklärung zum Thema Geflügelpest, Greifswald 2006
Garnsey, P and Whittacker, C.R; Trade and Famine in Classical Antiquity, Cambridge 1983
Graham, M/Air Cargo World; Steady Flight - Archive 05.07, Washington DC 2007

Granovetter, M/Swedberg,R (Hrg); The Sociology of Economic Life, Boulder 2001
Grigg, D; The World Food Problem 1950-1980, Oxford 1985
Grigg, D.B; Population Growth and Agrarian Change, Cambridge 1980
Hastings, M.M.; The Dollar Hen, Syracuse/Kansas, 1911
ICID, Australian Commission, New Delhi 2000
ICID; China Country Review Paper, New Delhi 2000
ICID; Country Profile, New Delhi 2004
ICID; Water for food and rural development, New Delhi 2004
Indian Leather Portal; Leather Chemicals, Machinery & Equipment, Noida 2009
International Egg Commission; Economics and Statistics, London 2008
International Symposium on Farm Structure in China, Beijing 1999
IRRI; Atlas of Rice and World Rice Statistics, Manila 2009
IRN; The Environmental Impacts of Large Dams, Berkeley 2009
IUCN; Redlist of the Threatened Species, Gland 2009
IUCN; Saving the Pride of Africa, News Release, Gland 2006
Jansman, A/ Grain Legumes Magazine; Grain legumes as functional ingredients in animal feeds, No. 41, Paris 2005
Johnson, E.A.J; American Economic Thought in the 17th Century, London 1932
Johnson, E.R; History of Domestic and Foreign Commere of the United States, Vol. I, Washington DC 1922
Kaufmann, O; Aus Indiens Dschungel, Erlebnisse und Forschungen, Leipzig 1923
Ke, Bingshang; Industrial livestock production, concentrate feed demand and natural ressource requirement in China, Beijing 1998
Kent, G; Political Economy of Hunger, New York 1984
Knyvett, H; The Defence of the Realm, Oxford 1906
Livi-Bacci, M; Population and Nutrition, Cambridge 1991
Mallory, W.H; China – Land of Famine, New York 1926
Malthus, TR; An Essay on the Principles of Population, London 1888
Marvin Harris; Kannibale und Könige - Wachstumsgrenzen der Hochkulturen, München 1995
Marvin Harris; Wohlgeschmack und Widerwillen, Stuttgart 1988
Mills, M; The Comparative Anatomy of Eating – Lectures, New York 2006
Milner-Guland, E.J. & Benett, E.L/Trends in Ecology and Evolution; Wild Meat - The bigger Picture, Voll. 18, No. 7, London 2003
Mountain Voices Org; Livestock in the southwest collection, Online 2007
Muir, John; The Story of My Boyhood and Youth, Boston 1913
National Pork Board; The Pork Industry at a Glance, Des Moines/Iowa 2007

NPPC; Facts and Figures, Urbandale 2007
NPPC; Today´s US Pork Industry, Urbandale 2007
NPPC; Trade Deal with South Korea good for US-Pork, Urbandale 2007
Peoples Daily Online/Online Version, Chinese Piggery, Peking 2006
Poulson, B.W; Economic History of the United States, New York 1981
Ricardo, D; Principle of Political Economy and Taxation, London 1817
Riedle, R.; Hunger – Ein Report, Bonn 1993
Smith, A; Wealth of the Nations, New York 1937
Smithsonian Institue; Passenger Pigeon, Washington DC 1927
Statistisches Bundesamt, Wiesbaden 2008
Strangeland, C.E; Pre-Multhusian Doctrins of Population, New York 1904
Strayer, J.R (Hrg.); Dictionary of the Middle Age, vol. 5, New York 1985
Täufel/Ternes/Tunger/Zobel; Lebensmittel-Lexikon, Hamburg 1998
The American Egg Board; About the Industry, Park Ridge 2009
The American Egg Board; Production and Consumption, Park Ridge, 2009
UNCCD; Regional Profiles, Bonn 2009
UNCTAD; Handbook of Statistics 2007-08, Online Version, Geneva 2009
UNEP; Water Situation in West Asia, Nairobi 2009
Universität Münster/Haus der Niederlande – Rückblick: Tierseuchen im Grenzgebiet, Münster 2006
UNO; Demographic Yearbook New York 2009
USDA; Federal State Market News, Washington DC 2007
USDA; U.S. Farms: Numbers, Size and Ownership, Washington DC 2007
USDA; Feed Grains Database, Washington DC 2007
US Geographical Survey, Surface Water, Reston 2007
WCD; Experience with Dams in Water and Energy Resource Development in the People´s Republic of China, Cape Town 2000
WHO; Water and Sanitation – all Regions, Geneva 2007
Wright, A.H/Bird Lore; Passrenger Pigeon, Washington DC 1913
WTO; Ministerial Declaration, Agriculture, Doha 2001
WTO; Market access for non-agricultural products, Geneva 2002
Woodham-Smith, C; The Great Hunger, London 1964
WWF; Three of the nine tiger subspecies gone in the last century, Gland 2009
Zeitlin, M.F; Nutrition an Population Growth, Cambridge 1982
Zischka, A; Brot für 2 Milliarden Menschen, Leipzeig 1938